KB117386

〈회화의 기술〉 속 화가의 모습. 페르메이르 본인으로 추정된다.

〈델프트 풍경〉

페르메이르는 델프트에서 태어나 자라고 죽은 델프트 토박이였다. 17세기 네덜란드에서 활동하던 수많은 화가들이 각자의 고향에서 이름을 얻은 뒤 수도 암스테르담으로 활동 무대를 옮기는 경우가 많았지만 그는 평생 델프트를 떠나지 않고 도시를 지켰다. 페르메이르는 화가 조합인 델프트 성 루가 길드의 대표를 지냈고, 델프트의 풍경을 그려낸 작품 〈델프트 풍경〉과 〈골목길〉을 남기기도 했다.

페르메이르 생애의 주요 무대인 델프트
델프트는 네덜란드 중서부에 위치한 소도시로 화가 페르메이르의 고향으로 유명하다. 하지만 그의 생애에 관한 기록이 많이 남아 있지는 않다. 이 도시는 푸른빛이 도는 자기인 '델프트 자기'의 산지로도 알려져 있다.

❶ 페르메이르 기념관 델프트

성 루가 길드가 있던 자리

페르메이르는 델프트에서 태어나 평생을 살았지만 현재 그의 흔적이 남은 장소는 거의 없다. 델프트에 있는 페르메이르 기념관은 화가 조합인 성 루가 길드 건물이 있던 자리지만, 건물 자체는 페르메이르 사후에 지어졌다. 페르메이르는 두 번에 걸쳐 성 루가 길드의 대표를 지냈다.

❷ 마르크트 광장 델프트

삶의 중심 공간

페르메이르의 삶은 마르크트 광장 근처에서 이루어졌다. 델프트 마르크트 광장 주변에는 세 교회가 자리 잡고 있는데 가장 큰 교회가 신교회, 나머지 두 곳은 구교회와 마리아 판 예서 교회다. 그가 태어나고 자란 더 플리헨더 포스와 메헬런은 신교회 근처에 있었다.

❸ 마리아 판 예서 교회 델프트

가족의 생활 터전

페르메이르는 결혼과 동시에 가톨릭으로 개종했다. 결혼 직후 그의 가족은 마리아 판 예서 교회 근처에 살기 시작했다. 이 지역은 가톨릭 신자들이 모여 살던 구역으로, 페르메이르는 장모 마리아 틴스의 집에 얹혀살았거나 근처로 이사했을 것으로 추측된다.

❹ 구교회의 무덤 델프트

페르메이르가 묻힌 곳

가톨릭 교회인 구교회에는 페르메이르의 장모 마리아 틴스가 마련한 가족묘가 있다. 페르메이르, 장모 마리아 틴스, 처남 빌럼 볼너스, 페르메이르의 세 자녀가 함께 묻혀 있다. 교회 바닥에 놓인 묘석은 1975년 페르메이르 사망 300주기를 맞아 새로 만든 것이다.

❺ 플라밍 거리 40~42번지 델프트

〈골목길〉의 배경

페르메이르가 남긴 두 점의 풍경화 중 하나인 〈골목길〉의 배경이 된 지점이다. 페르메이르는 당시 고모가 살던 플라밍 거리 40번지를 골목 건너편에 사는 누나 헤르튀리의 집에서 바라보며 밑그림을 그린 뒤에 자신의 스튜디오로 돌아와 작품을 완성한 것으로 보인다.

❻ 호이카더 델프트

〈델프트 풍경〉의 배경

델프트를 관통해 흐르는 세 운하가 모이는 지점이다. 운하는 여기서 강처럼 그 폭이 넓어진다. 과거 델프트를 오가는 사람들과 화물은 대부분 두 개의 수문 중 하나를 이용해 델프트로 들어갔다. 그림에 등장한 건물 중 현재는 신교회의 첨탑만이 남아 있다.

❼ 네덜란드 국립미술관 암스테르담

네덜란드 내 페르메이르 작품 최다 소장처

'영광의 전시관'에서 〈우유를 따르는 하녀〉 〈연애편지〉 〈편지를 읽는 푸른 옷의 여인〉 〈골목길〉을 볼 수 있다. 개인 소장가와 기업으로부터 기증받거나 미술관이 직접 구입 혹은 유증받은 작품들로, 이곳은 네덜란드에서 페르메이르 작품을 가장 많이 소장한 미술관이다.

❽ 마우리츠하위스 미술관 헤이그

〈진주 귀고리 소녀〉가 있는 곳

델프트 바로 옆에 있는 헤이그는 네덜란드 의회와 행정부가 있는 도시다. 마우리츠하위스 미술관은 17세기 네덜란드 황금시대 걸작을 다수 소장하고 있다. 이곳에 페르메이르 작품 〈진주 귀고리 소녀〉 〈델프트 풍경〉 〈디아나와 님프들〉이 있다.

일러두기

— 미술, 음악, 영화 등의 작품명은〈 〉, 신문, 카탈로그는《 》, 단행본, 장편소설은『 』,
   단편소설, 논문은「 」로 표기했다.
— 미술 작품 크기는 세로×가로 순으로 표기했다.
— 외래어 표기는 국립국어원의 외래어표기법을 따랐으나 통용되는 일부 표기는 허용했다.
— 본문에서 인용한 성서의 구절은 공동번역 성서의 번역을 따랐다.

페르메이르

×

전원경

빛으로 가득 찬 델프트의 작은 방

arte

IN DEZE KERK WERD BEGRAVEN

JOHANNES VERMEER
DELFT
1632 – 1675

SCHILDER

LID VAN HET SINT–LUCASGILDE

델프트 구교회에 있는 페르메이르 무덤 명판

요하네스 페르메이르는 1632년에 태어나 1675년에 타계했다. 델프트 구교회 지하 가족묘에
있는 그의 무덤에는 장모, 처남, 요절한 세 자녀가 합장되어 있다. 부인 카타리나 볼너스는 페
르메이르 사후 빚에 쫓겨 브레다로 이사했기 때문에 남편과 합장되지는 못했다. 페르메이르
는 본래 칼뱅파 개신교 집안에서 태어났지만 결혼과 동시에 처가의 종교인 가톨릭으로 개종
해 이곳 델프트 구교회에 묻히게 되었다. 그러나 교회의 어느 지점에 그가 묻혔는지는 확실
치 않다.

CONTENTS

더 좋은 날들을 기다리며

살다 보면 가끔 의외의 장소에서 뜻하지 않게 강렬한 체험을 하는 순간이 있다. 그 순간은 아무런 예감도 조짐도 없이 찾아오지만 사라진 후에도 기억의 언저리에 지워지지 않는 흔적을 남긴다. 내게는 2013년 6월 암스테르담의 국립미술관에서 요하네스 페르메이르의 그림과 처음 만난 순간이 그러했다. 나는 그 기억을 7년이 흐른 지금도 정확하게 떠올릴 수 있다. 이 이야기를 하면 다들 "아, 그 유명한 〈우유를 따르는 하녀〉를 보셨던 거군요?"라고 말하지만 나를 사로잡은 그림은 〈우유를 따르는 하녀〉가 아니라 그 그림 옆에 걸려 있던 〈편지를 읽는 푸른 옷의 여인〉이었다.

2013년 초여름에 나는 처음으로 네덜란드에 갔다. 그전에도 네덜란드에 간 적은 여러 번 있었으나 실제 네덜란드 안으로 '들어간' 건 2013년이 처음이었다. 약간의 의지, 그리고 알 수 없는 운명의 장난으로 나는 2009년부터 영국 글래스고대학교의 문화정책학과에서 박사 과정을 공부하기 시작했다. 한마디로 무모한 결정이었다. 석사를 마친 게 벌써 11년 전이었고, 그사이 영어는 다 까먹은 데다가 나이는 누가 봐도 중년이었다. 거기다가 내게는 아직 손이 많이 가는 어린 두 아이도 있었다. 이런 불리한 조건들을 심사숙고 하기도 전에 박사 과정은 시작되었고 정신을 차리고 보니 나는 아이들과 글래스고에 와 있었다.

박사 과정을 하는 4년 동안 한국을 두세 번 오갈 때마다 암스테르담의 스히폴 국제공항에서 비행기를 갈아탔다. 인천공항에서 글래스고로 바로 가는 비행기가 없어서 암스테르담이나 런던에서 비행기를 갈아타야 했는데 암스테르담을 경유해 가는 비행기 편의 가격이 늘 더 쌌다. 그런 이유로 나는 스히폴 공항에는 익숙했지만 공항에서 전철로 30분만 가면 닿는 암스테르담에는 가보지 못했다. 거리가 문제가 아니었다. 영국에 사는 4년 동안 런던에 한 번밖에 못 갔을 정도로 늦게 시작한 박사 과정은 고달팠다. 실제로 두어 번의 낙제 위기가 있었는데 마치 절벽에 매달렸다 간신히 절벽 위로 올라오는 사람처럼 아슬아슬하게 그 위기를 극복하곤 했다.

〈편지를 읽는 푸른 옷의 여인〉

캔버스에 유채, 46.5×39 cm, 1663~1664, 네덜란드 국립미술관, 암스테르담
푸른 옷을 입은 여인은 아마도 남편이 보낸 편지를 읽고 있다. 여인의 얼굴에 그리움과 기쁨, 그리고 남편과 배 속의 아이를 곧 만나리라는 희망이 엿보인다. 여인이 입은 치마의 노란색과 윗옷의 푸른색은 페르메이르가 즐겨 쓴 색이다. 특히 페르메이르의 푸른색은 당시 금보다도 비싼 라피스라줄리를 갈아 만들었기 때문에 지금까지도 선명한 느낌이 살아 있다.

늘 힘겨운 공부, 아무리 해도 안 느는 영어, 어찌 보면 공부보다 더 나를 힘들게 했던 자조적인 패배감, 사시사철 싸늘한 날씨, 말 안 듣는 아이들…… 도처의 장애물과 정신없이 싸우며 학교와 집만 오가는 사이에 4년의 시간이 쏜살같이 지나갔다. 2013년 6월에 박사 과정의 마지막 관문인 논문 심사가 열렸다. 논문을 제출하고 잠시 귀국한 나는 여느 때처럼 암스테르담에서 비행기를 갈아타고 글래스고로 향했다. 한 시간 반쯤 걸리는 논문 구두시험을 대비하느라 논문 결론 부분을 모두 읽어서 휴대폰에 녹음했고, 그걸 열두 시간의 비행 내내 들으면서 글래스고로 갔다. 구두시험을 보기 전의 마음은 의외로 담담했다. '이렇게까지 했으니 결과가 어떻게 되든 상관없어' 하는 심정이었다.

영국 대학교의 박사 논문 심사 결과는 논문 심사위원들의 논의가 끝난 후 그 자리에서 바로 발표된다. 의외로 상위 10퍼센트 정도의 꽤 좋은 결과가 나왔다. 박사 과정 동안 한 번도 칭찬다운 칭찬을 하시지 않았던 지도교수가 심사위원들에게 "정말 훌륭한 작가이자 엄마이고, 이제 훌륭한 학자가 될 제자다"라고 나를 추켜세우실 때까지 그저 멍한 기분이었다. 마음속으로 이럴 때 왜 눈물이 안 날까 하고 지나치게 냉정한 자신을 탓했는데 아마 영원히 되풀이될 듯하던 긴 과정이 마침내 끝났다는 사실을 미처 실감하지 못했던 것 같다.

시험 다음 날, 완전히 지쳐서 비행기를 타고 한국으로 돌아가는 길에 처음으로 스히폴 공항에서 암스테르담 시내로 향했다. 늘 궁금했던 렘브란트와 페르메이르의 그림을 한번 보고 싶었다. 시내의 호텔에 짐을 풀자마자 국립미술관으로 향했다. 6월인데도 암스테르담의 날씨는 장갑과 외투가 필요할 정도로 싸늘했다. 오후 3시쯤 도착한 국립미술관의 입구에 입장을 기다리는 줄이 길게 늘어서 있어서 당황했던 기억이 난다(이틀밖에 머물 수 없는 일정인데 그날은 국립미술관, 그다음 날은 반 고흐 미술관에 가려고 작정하고 있었다). 오늘 미술관에 들어가지 못하면 어쩌나 싶었지만 다행히도 30분쯤 기다려 미술관 안으로 들어갈 수 있었다.

처음 본 페르메이르의 그림은 작았다. 유명한 〈우유를 따르는 하녀〉도, 그 양옆으로 나란히 걸린 〈골목길〉과 〈편지를 읽는 푸른 옷의 여인〉도 모두 길이가 40~50센티미터 정도로 매우 작았다. 〈우유를 따르는 하녀〉야 워낙 유명한 그림이니 눈에 익었지만 양옆에 걸린 두 점의 페르메이르 작품은 처음 보는 그림들이었다. 〈우유를 따르는 하녀〉 오른편에 걸린 그림, 〈편지를 읽는 푸른 옷의 여인〉 앞에서 갑자기 눈시울이 뜨거워지는 바람에 나는 한참을 그 앞에 서 있어야만 했다.

〈편지를 읽는 푸른 옷의 여인〉에 관해 전문가들은 페르메이르의 그림 35점 중에 대략 열여섯 번째로 완성된 작품으로 추측하고 있다. 페르메이르의 그림 중 3분의 2 이상이 왼편에 창이 나 있는 실내를 담고 있고 이 그림 역시 마찬가지다. 그림에 실제 그려져 있지는 않지만 왼편에 창이 있다는 사실을 우리는 빛의 방향을 통해 알 수 있다. 보이지 않는 창에서 눈부신 아침 햇살이 쏟아져 들어와 작은 방 안은 온통 환하다. 여성은 잠옷 같은 노란 원피스 위에 푸른색 덧옷을 입고 아침 햇살에 비추어 보며 편지를 읽고 있는 참이다. 틀어 올린 머리를 보면 결혼한 여성인 듯싶고 제법 불룩해진 배가 지금 임신 중임을 알려준다. 고개를 숙인 채 편지를 읽는 여성의 입술이 편지의 내용을 따라 가벼이 달싹거리고 있다. 편지를 꼭 쥐고 있는 두 손, 그리고 온통 열중해 있는 여성의 모습을 보면 이 편지의 발신자는 그녀에게 무척 중요한 사람임이 틀림없다. 테이블 위에는 또 한 장의 편지가 놓여 있다. 두 장의 편지에 빼곡하게 글을 써서 이 여성에게 보낸 사람은 누구일까? 몸이 제법 무거운 그녀가 아침부터 열심히 그 편지를 읽고 있는 이유는 무엇일까?

이 그림을 처음 볼 때는 몰랐지만 페르메이르의 많은 작품들에는 '그림 속 그림'이 있어서 그림이 담고 있는 이야기를 해석할 수 있는 힌트를 준다. 〈편지를 읽는 푸른 옷의 여인〉도 마찬가지다. 흰 벽의 4분의 3 가까이를 차지하고 있는 해도가 바로 그 힌트다. 벽에 이처럼 큰 해도를 걸어놓은 집이라면 이 집의 가장은 선원이거나 무역업 등에 종사해서 늘 배를 타야 하는 사람일 가능성이 크다. 그렇다면 임신한 집의 안주인은 바다에 있는 남편이 보내온 편지를 아침 일찍 받은 게 아닐까 하는 가정이 자연스럽게 성립된다.

머리를 부드럽게 틀어 올리고 귀밑머리를 양 볼로 늘어뜨린 여자는 아직 젊다. 그녀는 지금 인생의 눈부신 한순간을 지나가는 중이다. 그리고 더 좋은 일들이 그녀 앞에 펼쳐질 것이다. 아기가 머지않아 태어날 테고, 바닷바람과 볕에 그을린 남편이 돌아와 그녀를 억센 팔로 안아줄 것이다. 일상은 평범하지만 동시에 또 이렇게 눈부시다. 남편에 대한 그리움, 앞날에 대한 기대, 더 좋은 날이 곧 오리라는 예감, 이런 따스하고 안온한 감정들이 그녀를 부드럽게 감싸서 그림 속의 여자는 온통 환하게 빛나고 있다. 내일을 기대하는 마음은 얼마나 사람을 행복하게 하는가. 어쩌면 우리는 그런 기대감 때문에 고단한 일상을 하루하루 견뎌갈 수 있는지도 모른다.

2013년만 해도 나는 페르메이르라는 화가에 대해 아는 바가 별로 없었다. 〈우유를 따르는 하녀〉와 〈진주 귀고리 소녀〉를 그린 화가. 작품이 소설과 영화로 만들어질 만큼 유명하지만 정작 17세기 네덜란드에서는 별로 이름을 날리지 못했던 화가. 그 정도가 페르메이르에 대해 아는 전부였다. 그러나 화가의 명성, 그림의 유명세보다 더 나를 깊이 감동시킨 것은 '인생의 가장 좋은 날은 아직 오지 않았다'는 삶의 진리였다. 그때의 기억을 나는 『목요일의 그림』이라는 단행본에 이렇게 썼다.

우리가 살아가야 하는 중요한 이유가 있다면, 그것은 삶의 가장 좋은 날이 아직 우리에게 오지 않았기 때문일 것이다. 젊은 시절에는 젊음이 곧 인생의 훈장이며, 30대가 끝남과 동시에 인생의 전성기도 막을 내리고 그 후부터는 나이 들고 늙어가는 내리막만 있는 것이라고 생각했다. 그러나 그것은 젊은, 아니 철없는 시절의 치기 어린 생각에 불과했다. 돌이켜 보면, 마흔에 시작한 박사 과정도 생각했던 것처럼 늦은 시작은 결코 아니었다.
공부하고 도전할 수 있다는 사실만으로도 그 4년은 힘들다기보다는 행복한 시간이었다. 처칠의 말처럼 글래스고대학에서 보낸 4년은 어찌 보면 나에게는 '가장 좋았던 시절The finest days'이었는지도 모른다. 그리고 박사 과정을 마친 지금은 그보다도 더 좋은 시간들이 오겠지 하고 기대하게끔 되었다. 남편의 편지라는 반가운 전갈을 맞으며 곧 오게 될 '더 기쁜 소식'을 기다리고 있는 페르메이르의 그림 속 여자처럼 더 좋은 날이 삶의 어느 순간에 반짝거리며 내게 다가올 것이라고, 그렇게 믿게 되었다.

— 전원경, 『목요일의 그림』, 중앙북스, 216~217쪽

이 심경은 어찌 보면 페르메이르의 그림이 내게 준 희망이자 암시였다. 박사 과정을 마치긴 했지만 앞날은 그저 막연하기만 했다. 한국에 가서 무슨 일을 하게 될지, 아니, 과연 일을 할 수나 있을지조차 불확실한 상태였다. 박사 학위를 받았으니 이제 새로운 시작을 해야 하는 상황인데 내 나이는 이미 40대였다. 불안하고 막막할 수밖에 없었다. 그러나 그날 저녁, 암스테르담의 한 펍에 혼자 앉아 하이네켄 맥주를 마시면서 나는 모든 일이 잘될 거라는 행복한 확신으로 충만했다. 그리고 정말 마법처럼, 그날 이후부터 더 좋은 날들이 내 앞에 펼쳐지기 시작했다.

출판사 담당자로부터 '클래식 클라우드'를 한 권 더 써보라는 권유를 받았을 때, 기억의 강 밑바닥에 가라앉아 있던 2013년의 암스테르담과 〈편지를 읽는 푸른 옷의 여인〉, 그리고 그날 저녁의 하이네켄 맥주가 불현듯 떠올랐다. 어두운 방에 불이 켜지듯이 그 모든 장면이 생생하게 눈앞에 그려졌다. 생몰년과 몇 가지 짧은 단서 외에는 아무 기록도 남아 있지 않은 화가가 페르메이르다. 1675년 사망한 후 200년 넘게 망각 속에 가라앉아 있던 화가, 그런 화가에 관해 대체 어떻게 책을 쓸 수 있다는 말인가? 그러나 나는 평범한 우

리의 일상을 통해 영원을 보여주는 이 놀라운 화가의 이야기를 하고 싶었다. 어쩌면 이것은 2013년에 〈편지를 읽는 푸른 옷의 여인〉이 내게 준 확신에 대한 보답일지도 모른다. 알 수 없는 자신감이 마음속에서 풍선처럼 부풀어 올랐고 나는 나 자신도 모르게 "페르메이르를 쓸게요"라고 대답하고 있었다.

책의 1장은 일본 오사카에서 만났던 페르메이르의 초기 작품들을 설명한다. 페르메이르는 본격적인 풍속화가로 자리 잡기 전, 여러 장르의 그림을 그리면서 자신이 가야 할 길을 모색했다. 이때 그렸던 종교화, 역사화는 오히려 페르메이르의 전성기 시절 그림보다 더 큰 사이즈의 그림들이다. 평이한 주제를 평이한 방법으로 그렸음에도 불구하고 그의 그림에는 이미 화가의 개성이 조금씩 드러나고 있다. 2장에선 페르메이르라는 화가가 탄생하도록 만든 외부적 요인들, 17세기의 네덜란드에 대해 이야기한다. 역사적 변혁에 대한 서술이라 약간은 지루할 수 있는 부분이지만, 페르메이르의 그림이 담고 있는 남다른 점을 이해하기 위해서는 그가 살았던 시간과 공간이 특별했다는 점을 우선 알아야 할 필요가 있다.

3장은 페르메이르가 평생을 보낸 델프트를 찾아간다. 그가 살던 집과 스튜디오는 이미 사라지고 없지만 생가 터 근처에 새로이 문을 연 페르메이르 기념관에서 화가의 흔적을 많이 찾아낼 수 있었다. 단 두 점밖에 되지 않는 그의 풍경화들은 이 생가 터에서 얼마 떨어지지 않은 지점을 그린 작품들이다. 페르메이르 기념관에는 온화한 빛으로 가득 찬 페르메이르의 스튜디오를 재현해놓은 공간도 있다.

4장의 무대는 암스테르담이다. 네덜란드 국립미술관은 페르메이르와 렘브란트의 전성기 작품들을 소장하고 있다. 렘브란트는 페르메이르보다 한 세대 앞선 화가이며 한때는 네덜란드 최고의 초상화가로 인정받았던 인물이다. 페르메이르와 렘브란트의 대표작인 〈우유를 따르는 하녀〉와 〈야경〉은 국립미술관의 같은 방에 걸려 있다. 놀라운 점은 거의 동시대를 살았던 두 대가의 작품이 모든 면에서 완전히 다르다는 점이다. 그것은 세계와 인간을 보는 두 화가의 시선 차이기도 하다.

5장에서는 헤이그로 간다. 이 아름답고 깨끗한 도시의 마우리츠하위스 미술관에 〈진주 귀고리 소녀〉를 비롯한 페르메이르의 그림 세 점이 소장되어 있다. '북구의 모나리자'라고 불리는 〈진주 귀고리 소녀〉는 페르메이르의 대표작이자 영원한 수수께끼를 안고 있는 작품이다. 〈진주 귀고리 소녀〉를 주제로 창작된 소설과 영화 이야기도 빼놓을 수 없다.

6장의 무대는 빈이다. 빈의 미술사박물관에 페르메이르의 명함과도 같은 〈회화의 기술〉이 있다. 한때는 히틀러가 소유하고 있었던 그림이다. 이 그림 한 장에 페르메이르라는 화가의 모든 정체성, 화가의 영혼이 오롯이 담겨 있다 해도 과언이 아니다.

마지막 7장은 런던에서 끝난다. 런던에는 네 점의 페르메이르 그림이 있는데 이들은 모두 악기를 연주하는 여성을 담았다는 공통점이 있다. 전성기의 〈음악 레슨〉과 만년에 완성된 〈기타 연주자〉 〈버지널 앞에 선 여인〉을 비교해보면 화가의 재능이 점점 더 시들어가고 있었다는 사실을 새삼 느낄 수 있다. 확연하게 달라진, 아니, 빛바랜 페르메이르의 솜씨를 통해 우리는 고단하고 쓸쓸했던 화가의 만년을 바라보게 된다.

페르메이르를 만나러 가는 길은 내가 처음으로 쓴 '클래식 클라우드'의 주인공 구스타프 클림트를 찾는 여정과 완전히 달랐다. 정작 그의 고향에조차 페르메이르의 흔적은 거의 남아 있지 않지만, 화가에 대한 무형의 기억은 델프트를 비롯한 네덜란드 곳곳에 여전히 살아 있다는 느낌이 들었다. 네덜란드 어디에서나 지평선을 볼 수 있었고 북해로 연결된 운하에서는 싸늘한 바람이 쉴 새 없이 불어왔다. 늘 목도리를 단단히 여미고 다녀야 했지만, 그래도 행복한 여정이었다. 두 번째 '클래식 클라우드' 집필을 허락해주신 아르테 출판사와 원고를 꼼꼼히 읽어봐주신 17세기 네덜란드 미술 전문가 이지현 박사님께 진심으로 감사의 말씀을 전한다.

여행을 마치고 나서 원고와 사진을 정리하던 와중에 그 누구도 예상하지 못했던 코로나19 바이러스가 전세계를 덮쳤다. 어른들은 바쁘게 일하고 아이들은 아침마다 졸린 눈을 비비며 학교에 가던 날들, 아무 거리낌 없이 스포츠센터나 공연장에 갈 수 있는 시간이 다시 돌아오기를 간절히 기다리며 페르메이르의 그림들을 하나하나 들여다보았다. 그 속에 담긴 300년 전의 네덜란드가 새삼 새롭게 다가왔다. 꾸밈없고 소박하면서 조화로운 세계, 환한 빛 속에 싸인 고요한 시간들이 거기에 있었다. 어찌 보면 그런 평온한 일상이야말로 천국에 가장 가까운 모습이라는 사실을 우리는 너무 오래 잊고 있었는지도 모를 일이다.

01

JOHANNES VERMEER

일본에서 만난
페르메이르

일본에 불어닥친 페르메이르 열풍

2019년 초의 일이다. 갑자기 오사카에 가서 페르메이르 특별전을 한번 봐야겠다는 생각이 들었다. 일본의 페르메이르전은 2018년 하반기부터 대대적으로 열리고 있었다. 도쿄 우에노모리 미술관에서 2018년 10월 5일부터 2019년 2월 3일까지 페르메이르전이 열렸고 그 전시가 다시 오사카 시립미술관으로 옮겨 가 진행되는 중이었다. 2018년 가을부터 SNS에는 도쿄 가서 페르메이르의 〈우유를 따르는 하녀〉를 보고 왔다는 소식이 심심치 않게 뜨곤 했다. 도쿄에는 모두 아홉 점의 페르메이르 작품이, 그리고 오사카에는 여섯 점이 왔다고 했다.

'겨우 그 정도 가지고'라고 말할 수 없는 것이 현재까지 페르메이르 작품으로 확인된 그림은 모두 35점 또는 36점에 불과하다. 지금까지 열린 페르메이르 전시 중 가장 큰 규모는 1995년 워싱턴 D. C.에서 열린 특별전으로 21점의 페르메이르 작품이 미국 국립미술관에

모였다. 관람객들은 이 전무후무한 전시를 보기 위해 눈보라가 부는 혹한에도 미술관 건물을 빙빙 도는 긴 줄을 만들어 서서 서너 시간씩 입장을 기다렸다고 한다.

도쿄 우에노모리 미술관의 '페르메이르와 네덜란드 회화'전은 '35분의 9'라는 상징적인 숫자를 들먹이며 대대적인 홍보를 했고 그 열기는 해를 넘어가며 오사카까지 이어지고 있었다. 매사가 굼뜨고 늦은 나는 도쿄 전시가 성황리에 진행되는 와중에도 페르메이르전에 큰 관심을 두지 않고 있었다. 그런데 이 전시가 도쿄에서 오사카로 전시가 옮겨 간 후에야 2박 3일쯤 오사카에 가서 페르메이르전을 한번 보면 어떨까, 하는 생각이 문득 들었던 것이다.

2019년 초는 한일 외교 관계가 나빠지기 전이라 사람들이 제주도 가듯, 심지어 당일치기로도 일본에 자주 드나들던 때였다. 결심한 지 사나흘 만에 오사카행 비행기 티켓과 숙소를 구하고 비행기에 올랐다. 비행기는 이륙하자마자 오사카의 간사이 국제공항에 닿았다. 인천부터 간사이 국제공항까지보다 간사이 국제공항에서 전철을 타고 오사카 시내로 들어가는 데 더 많은 시간이 걸렸다. 전철 창밖으로 낯익은 듯도 하고 낯선 듯도 한 풍경이 펼쳐지고 있었다.

도착한 다음 날은 2월의 마지막 토요일, 오사카 전시가 개막한 지 두 번째 주의 주말이었다. 전시를 보러 왔으니 기왕이면 사람 없는 한가한 시간에 보자는 마음으로 일찌감치 서둘렀다. 오전 10시가 좀 안 된 시각에 오사카 시립미술관 가까운 전철역에 내렸다. 계단을 올라와 맞이한 거리는 살풍경했다. 옆으로 국철이 지나가고 앞에는 8차선 도로가 있는 도심 한가운데였다. 햇볕은 봄을 알리는 듯 따스했지만 바람은 차가운, 전형적인 2월 말의 날씨였다. 길 가는 이를 붙잡고 미리 프린트해 온 페르메이르전의 티켓을 보여주며 미술관 위치를 어설픈 영어로 물으니 다리를 건너 공원 안으로 들어가면 된다는 대답이 역시 서툰 영어로 돌아왔다. 그러고 보니 제법 많은 사람들이 한 방향으로 걸어가고 있었다. 페르메이르전을 보러 가는 이들이었다. '덴노지'라는 이름의 공원 안에 시립미술관과 동물원이 함께 있었다. 미술관으로 올라가는 계단의 화단에 노란 튤립들이 무더기로 피어 한들거렸다. 튤립이 피기에는 좀 이른 계절인데 주최 측이 네덜란드 분위기를 내기 위해 일부러 심어놓은 모양이었다.

전시는 페르메이르뿐만 아니라 피터르 더 호흐, 헤라르트 테르보르흐, 얀 스테인, 하브릴 메추, 니콜라스 마스, 피터르 산레담 등 17세기 네덜란드 화가들의 정물화, 풍경화, 풍속화로 구성되어 있었다. 페르메이르의 여섯 작품을 제외하면 주로 네덜란드 국립미술관의 소장작들이었다. 도쿄에는 페르메이르의 대표작으로 손꼽히는 〈우유를 따르는 하녀〉가 전시되어 큰 화제를 불러일으켰으나 이 그림과 〈붉은 모자를 쓴 소녀〉 〈와인글라스〉 〈진주 목걸이〉는 도쿄에만 전시되고 오사카까지는 오지 않았다. 대신 도쿄에는 전시되지 않았던 〈뚜쟁이〉가 오사카에 특별히 전시되었다. 그러니까 모두 열 점의 페르메이르 작품이 도쿄와 오사카에 온 셈이다. 오사카에 전시된 여섯 점만 해도 네덜란드, 영국, 독일, 아일랜드, 미국의 미술관에서 온 작품들이었다.

17세기 네덜란드의 작품 전시는 꽤 알차고 충실했다. 모두 여덟

오사카 시립미술관 로비에 설치된 페르메이르 전시회의 홍보용 간판

일본인 관람객이 간판 앞에서 사진을 찍고 있다. 페르메이르는 전 세계인의 사랑을 받는 화가지만 특히 일본에서 인기가 높다. 정확한 이유는 알 수 없지만 아마도 일본과 네덜란드의 오랜 역사적 관계 때문이 아닐까 짐작해본다.

개의 전시실이 이 특별전에 할애되어 있었다. 페르메이르의 여섯 작품은 6전시실부터 두 작품씩 세 개의 전시실에 나누어놓았다. 첫 번째 전시실에는 페르메이르의 전작을 통틀어 가장 큰 작품인 〈마르다와 마리아의 집에 온 예수〉와 〈뚜쟁이〉가 전시되어 있었다.

　정작 놀라운 것은 전시작 못지않게 전시실을 메운 인파였다. 첫 번째 전시실부터 발 디딜 틈이 없었고 페르메이르의 작품이 걸려 있는 6, 7, 8전시실은 출근 시간의 지하철보다 더하게 사람들로 가득 메워져 숨 쉬기 어려울 정도였다. 관람객들의 머리 위로 구름처럼 흥분된 기운이 둥실둥실 떠다니고 있는데 정작 소음은 거의 들리지 않는다는 점이 새삼 신기했다. 크기도 별로 크지 않은, 소박한 분위기의 페르메이르 작품들이 전시실에 가득 찬 관객들을 압도하고 있었다. 이 집중력과 흥분된 에너지를 모으면 전력 발전이라도 할 수 있을 듯한 분위기였다. 유럽의 미술관들에서는 정작 이 정도로 열광적인 분위기는 만나기 힘들지 않나 하는 생각이 잠시 머리를 스쳤다(훗날 네덜란드에 가서도 나는 페르메이르 작품 앞에 무더기로 서 있는 일본 관광객들을 만났다. 아무래도 페르메이르는 일본에서 특별히 인기를 얻고 있는 듯했다).

　오사카 전시에서 예기치 않은 수확이라면 처음으로 페르메이르의 초기작 두 점을 볼 수 있었다는 점이다. 이후 헤이그의 마우리츠하위스 미술관에서 〈디아나와 님프들〉까지 보면서 나는 페르메이르가 본격적으로 풍속화를 자신의 장르로 선택하기 전에 여러 방향을 모색하던 시기의 세 작품을 모두 만날 수 있었다. 사실 이 작품들에서 '페르메이르다움'을 찾기는 쉽지 않으나 작정하고 보아서였는지 내 눈에 이 작품들은 모두 특별해 보였다. 특히 〈뚜쟁이〉를 본 것은 큰 소득이었다. 이 세 작품들을 연속으로 보니 페르메이르가 어떻게 화가로서의 정체성을 확립해갔는지를 알 듯했다. 흔히 페르메이르는 아무 자료도 남기지 않은 화가라고 말하고, 사실 그의 일생에 대해서는 남은 기록이 거의 없다. 그러나 페르메이르의 그림들은 어떤 자료들보다 더 확실하게 그의 발전과 변화를 웅변해주고 있었다.

페르메이르의 초기작 세 점

학자들은 보통 페르메이르의 활동 시기를 크게 3기로 나눈다. 이탈리아 화가들, 특히 카라바조의 영향이 드러나는 1기, 빛의 효과를 발견하는 2기, 단순하고 담백하면서 깊이가 느껴지는 3기다. 오사카 시립미술관의 6번 전시실에서 만난 두 초기작들은 확연하게 1기에 해당하는 그림들이었다. 오스트리아의 미술사학자 카를 쉬츠Karl Schütz는 〈마르다와 마리아의 집에 온 예수〉를 〈디아나와 님프들〉에 이어 페르메이르가 두 번째로 완성한 그림으로 보고 있다. 반면 마우리지아 타자르테스Maurizia Tazartes는 쉬츠가 진위 판단을 유보한 〈성녀 프락세데스〉를 진품으로 판단하고 이 작품이 〈디아나와 님프들〉에 이어 두 번째로 그려진 그림이라고 판단했다. 타자르테스의 주장대로라면 〈마르다와 마리아의 집에 온 예수〉는 페르메이르가 세 번째로 완성한 그림이 된다.

〈마르다와 마리아의 집에 온 예수〉

캔버스에 유채, 158.5×141.5cm, 1654~1655, 스코틀랜드 국립미술관, 에든버러

남아 있는 페르메이르의 그림 중 가장 큰 작품이며, 또 유일한 종교화이기도 하다. 페르메이르
는 이 그림에서 공간 가운데 있는 예수에게만 빛을 내리쬐게 하고 마르다와 마리아의 얼굴에
는 그늘을 드리워서 그림에 생동감을 불어넣었다.

〈마르다와 마리아의 집에 온 예수〉는 페르메이르가 남긴 그림들 중에 유일한 종교화이며 또 그가 그린 모든 그림들 중 가장 크다. 이 그림이 그려진 시기는 1654년에서 1655년 사이로 추측되는데 이때는 페르메이르가 화가들의 조합인 성 루가 길드에 가입한 직후였다. 페르메이르는 스물한 살 때인 1653년 12월에 델프트의 성 루가 길드 회원이 되었다.

마르다와 마리아의 집에 온 예수의 이야기는 벨라스케스를 비롯한 여러 화가들이 그린 주제다. 마르다와 마리아는 자매간이다. 두 자매의 이야기는 「요한의 복음서」 「루가의 복음서」 등에 등장하는데 이 그림에 묘사된 장면은 「루가의 복음서」 10장 38절에서 42절 사이의 일화다. 마르다가 예수를 자신들이 사는 집에 모셔 왔다. 귀한 손님을 대접하려고 마르다는 이것저것 음식을 하느라 바쁜데 동생인 마리아는 그런 언니를 돕지 않고 예수의 이야기를 듣는 데만 정신이 팔려 있다. 마르다가 예수에게 마리아도 자신을 돕게 해달라고 불평 섞인 부탁을 하자 예수는 "실상 필요한 것은 한 가지뿐이다. 마리아는 참 좋은 몫을 택했다"라고 대답한다. 마르다와 마리아 자매는 「요한의 복음서」에도 등장한다. 「요한의 복음서」에는 예수가 베다니아 마을에 사는 라자로라는 죽은 이를 살려내는 기적을 행하는 장면이 나온다. 마르다와 마리아는 이 라자로의 여동생들이다.

마르다와 마리아의 집에 온 예수의 에피소드를 그림으로 그릴 때 화가들은 대개 샐쭉해진 마르다의 얼굴 표정을 부각시킨다. 이 장면은 어떤 갈등의 순간을 포착하고 있다. 페르메이르의 그림은 조금 다르다. 이 그림 속에서 예수는 평범하지만 부드러운 표정의 남자다. 그는 오른손을 마리아에게 내밀며 시선은 마르다를 향하고 있다. 마르다에게 무언가를 말하는 모습이다. 마리아는 그림의 앞쪽에 앉아 있는데 그녀는 왼쪽의 창에서 들어오는 햇빛을 등지고 앉은 상태라 표정이 잘 보이지 않는다.

이 두 가지 요소, 왼쪽에 있는 창과 그림의 앞쪽에 드리운 그늘을 잘 기억해둘 필요가 있다. 앞서 말한 것처럼, 이 작품은 페르메이르의 초기작이며 화가가 아직 자신의 장르를 풍속화로 결정짓기 전의 작품이다. 그럼에도 불구하고 이 그림에는 페르메이르의 이후 작품들에 거의 공통적으로 포함되는 두 요소가 이미 드러나 있다. 마리아와 마르다의 두건에 쏟아지는 햇빛, 마리아의 얼굴에 드리운 그늘, 예수의 환한 얼굴 등을 통해 우리는 그림의 왼편으로 햇빛이 들어오고 있다는 사실을 알 수 있다. 그림은 실내를 묘사하고 있으니 그 햇빛이 들어오는 통로는 창일 것이다. 마리아는 한 손으로 턱을 괸 채 예수의 말을 열심히 듣고 있다. 그녀는 정말로 '자신이 선택한 좋은 몫'을 하나도 놓치지 않겠다는 모습이다. 마리아는 그림에서 가장 앞쪽에 앉아 있지만 어둠에 반쯤 가려져 있다. 빛의 중심에 예수가 앉아 있는데 그는 그림의 앞이 아니라 중간쯤에 자리한다. 이 빛의 미묘한 움직임과 빛을 받는 인물의 배치는 화가가 주의 깊게 생각한 결과임이 분명하다.

〈마르다와 마리아의 집에 온 예수〉가 알려주듯, 페르메이르의 그림에서 빛과 그늘은 초창기부터 핵심적인 요소로 부각된다. 그런데 그 빛은 등장인물을 골고루 비추지 않고 가운데 앉은 예수에게 집중돼 있으며 정작 앞자리에 앉은 마리아는 그 빛의 중심에서 벗어나 있다. 앞쪽의 마리아, 뒤편의 마르다는 모두 예수보다 조금 덜 꼼꼼하게 그려져 있다. 말하자면 이 그림은 가운데 앉은 예수에게 포커스를 맞춘 사진 같은 느낌을 준다. 〈마르다와 마리아의 집에 온 예수〉를 그릴 때 페르메이르는 스물두 살 정도의 나이였다. 이때 이미 페르메이르는 빛을 잘 사용하면 미묘하고도 생동감 있는 인상의 그림을 만들어낼 수 있다는 사실을 알고 있었다.

또 하나 이 작품이 보여주는 페르메이르 그림의 특징은 등장인물들의 표정이다. 페르메이르의 인물들은 하나같이 부드럽고 온화하며, 정면을 바라보며 관람객과 눈을 맞추는 법이 거의 없다. 그림 속 세 사람의 시선은 모두 그림 속의 다른 인물을 바라본다. 마르다와 마리아는 예수를, 그리고 예수는 마르다를 응시하고 있다. 그들은 서로 대화를 나누고 있으며 마르다는 자신의 섭섭함을 표현하기보다 예수의 말을 납득하는 듯한 표정이다. 그림은 갈등이 아니라 예수의 차분한 설득으로 갈등이 해결되는 상황을 묘사한 것처럼 보인다. 이 그림을 보면서 우리는 절로 이들의 대화에, 그리고 이 상황에 끌려 들어가는 듯한 느낌을 받게 된다. 초창기 작품부터 페르메이르의 그림은 이처럼 숨겨진 이야기를 들려준다. 이 화가는 젊은 시절부터 예사롭지 않았다.

페르메이르 최초의 작품

이 그림을 보고 나서 3개월쯤 지난 2019년 5월에 나는 페르메이르의 첫 번째 작품인 〈디아나와 님프들〉을 헤이그의 마우리츠하위스 미술관에서 만났다. 이 그림은 대다수의 페르메이르 전문가들이 인정하는 그의 첫 완성작이며, 그림의 하단 왼편에 'J. v. Meer'라는 페르메이르의 서명이 남겨져 있다. 한때 이 그림은 또 다른 17세기 네덜란드 화가인 니콜라스 마스Nicolaes Maes의 작품으로 오인되기도 했다. 누군가가 페르메이르의 서명을 지우고 왼편 하단의 바위 위에 'N. M.'라는 서명을 덧입혀 썼기 때문이다. 이 해프닝은 페르메이르가 19세기 후반까지도 거의 알려지지 않은 이름이었다는 사실을 알려준다.

〈디아나와 님프들〉은 1654년, 페르메이르가 델프트 성 루가 길드에 입회한 직후의 작품이다. 페르메이르는 이 그림을 성 루가 길드에 입회할 자격이 있다는 증빙 자료로 제출했을지도 모른다. 연구자들 중에는 이 그림의 완성 연도를 1653년, 길드 입회 이전으로 보는 이들도 있다.

그림에 등장하는 다섯 명의 인물들은 모두 얼굴이 그늘에 가려진 채라 그 표정을 잘 읽을 수 없다. 그리스 신화 속 인물들이지만 페르메이르는 이 다섯 명에게 당대 네덜란드의 의상을 입혔다. 가운데 노란 옷을 입고 초승달 모양의 머리띠를 두른 이가 사냥과 달의 여신인 디아나다. 님프 한 명이 그녀의 발을 씻겨주고 있다. 그림의 맨 오른쪽에서 그늘에 가려진 채 이 광경을 보고 있는 님프가 큰곰자리의 주인공인 칼리스토다. 칼리스토는 처녀신 디아나를 따르는 님프 중 하나였지만 유피테르를 만나 뜻하지 않게 아기를 가지게 된다. 임신한 그녀는 처녀신의 무리에 속하기 겸연쩍은 듯한 표정으로 동료 님프들과 조금 거리를 둔 위치에 떨어져 있다.

신화 속 인물들을 그렸다는 점에서 보면 이 그림은 17세기 유럽 전역에서 흔하게 그려진 역사화가 맞다. 〈디아나와 님프들〉에서 오히려 특이한 점은 등장인물들이 모두 '옷을 입었다'는 데 있다. 프랑스 화가인 프랑수아 부셰가 그린 〈목욕하는 디아나〉처럼 17~18세기에 디아나를 비롯한 그리스·로마 신화 속 여신들은 대부분 누드로 그려졌다. 그렇다면 페르메이르는 역사화를 그리면서도 자신이 앞으로 주력해야 할 분야가 역사화는 아니라고 생각했을지도 모른다. 이 그림은 단지 성 루가 길드의 회원 자격, 말하자면 한 명의 독립된 화가로 일할 능력이 있음을 입증하기 위해 그려진 게 아니었을까?

〈디아나와 님프들〉은 위조된 서명 말고도 여러 수난을 겪었다. 우선 그림의 오른편 12센티미터쯤이 알 수 없는 이유로 잘려나간 상태다. 그리고 2000년에야 그림의 오른편 윗부분이 원래의 갈색 배경으로 복원되었다. 2000년까지 이 부분에는 푸른 하늘과 흰 구름이 배경으로 그려져 있었는데 이 하늘은 최소한 1840년 이후에 덧칠해 그려진 것이다. 그림의 하늘 색깔을 내는 데 쓰인 안료는 프러시안블루와 크롬그린으로, 이 두 안료는 각각 1704년과 1840년부터 사용되기 시작했기 때문이다.

마우리츠하위스 미술관은 〈진주 귀고리 소녀〉와 〈델프트 풍경〉까지 합해 페르메이르의 그림 세 점을 보유하고 있다. 그런데 이 미술관의 대표작 도록에는 〈디아나와 님프들〉이 수록되어 있지 않다. 여러모로 이 그림은 페르메이르의 특성이 아직 드러나지 않은, 그

〈디아나와 님프들〉 캔버스에 유채, 97.8×104.6cm, 1653~1654, 마우리츠하위스 미술관, 헤이그
최근까지 그림의 오른편 위쪽, 칼리스토 뒤편에는 밝은 하늘과 구름이 그려져 있었다. 2000년
에야 마우리츠하위스 미술관 측은 이 하늘 부분이 1840년 이후에 누군가에 의해 덧칠되었다
는 점을 발견하고 그림을 원상태로 복원했다.

프랑수아 부세, 〈목욕하는 디아나〉 캔버스에 유채, 56×73cm, 1742, 루브르 박물관, 파리
프랑수아 부세는 18세기에 활동한 프랑스 화가다. 그는 신화와 종교 등 고전적 주제의 역사화
를 많이 그렸다. 〈목욕하는 디아나〉 역시 처녀신 디아나를 누드로 그렸는데, 그가 그린 다른
신화 속 장면에서도 대부분의 여신들은 누드로 등장한다.

의 다른 작품에 비하면 평이한 작품이다. 화가 특유의 빛의 섬세한 사용이나 인물들의 온화한 표정도 거의 드러나지 않는다. 그러나 여기서도 '페르메이르다움'이 느껴지는 부분이 한 군데 있다. 처녀신의 계율을 어긴 님프 칼리스토를 어둠 속에 그려넣은 부분이다. 칼리스토는 자신의 행위에 죄책감을 느끼는 듯 스스로 무리에서 떨어져 나왔지만 시선은 디아나에게 고정되어 있다. 어둠 속에 가려진 그녀의 모습에서 후회와 미련 같은 복잡한 감정이 읽힌다. 페르메이르는 그림 속에 이야기를 숨겨놓는 데 탁월한 재능을 가진 화가다. 그의 모든 그림에는 모종의 스토리가 숨겨져 있고 그 스토리를 읽어내는 과정은 페르메이르의 그림을 보는 특별한 재미를 선사한다.

변화를 모색하던 세 번째 그림

페르메이르의 세 번째 작품이자 오사카에 전시된 〈뚜쟁이〉는 드레스덴의 고전거장미술관이 소장하고 있는 작품이다. 이 그림에서부터 우리는 드디어 페르메이르의 개성을 추적할 수 있다. 우선 〈뚜쟁이〉는 풍속화다. 이제 페르메이르는 자신의 장르를 역사화나 종교화 등이 아닌 풍속화로 결정한 것이다. 그림에는 페르메이르의 서명과 함께 '1656년'이라는 제작 연도도 함께 쓰여 있어서 페르메이르가 이 그림을 자신의 새로운 '출발점'으로 여겼다는 추측을 하게끔 해준다. 환한 노란색의 옷을 입은 창부, 그녀의 가슴을 은근히

만지면서 은전을 쥐여주는 남자, 창부와 남자의 거래를 부추기는 듯한 뚜쟁이 노파, 그리고 맨 왼편에 어둠에 싸인 채로 정면을 보는 남자, 이렇게 네 명의 인물이 등장하지만 오직 여자만 빛을 받고 있기 때문에 그림은 그다지 복잡해 보이지 않는다.

보는 이의 시선을 맨 먼저 끄는 인물은 단연 밝은 노란 웃옷에 흰 두건을 쓴 여인이다. 그녀는 이 실내의 중간쯤 되는 위치에 앉아 있다. 그녀 앞, 그림의 전면에는 현란한 무늬의 카펫을 씌운 발코니가 있고 그 너머 녹색 천이 씌워진 테이블이 놓여 있다. 여자의 뒤로는 붉은 옷의 남자와 뚜쟁이 노파가 서 있다. 그림 속에 발코니와 테이블 - 여자 - 남자와 노파, 이렇게 3중으로 겹쳐진 공간이 만들어져 있는 것이다. 빛은 여자에게 집중되어 있다. 페르메이르는 〈마르다와 마리아의 집에 온 예수〉와 마찬가지로 이 그림에서도 빛의 강도와 방향을 주의 깊게 조절했다.

집중된 빛, 그리고 나머지 공간을 차지한 어둠은 자연스럽게 이탈리아 바로크 화가 카라바조의 키아로스쿠로(명암) 기법을 떠올리게 만든다. 카라바조의 명암은 워낙 당대에 유명한 기법이었고 17세기 네덜란드 화가들 중에서도 헤라르트 판 혼토르스트Gerard van Honthorst를 비롯해서 카라바조풍의 그림을 그리는 화가들이 적지 않았다.

〈뚜쟁이〉 캔버스에 유채, 143×130cm, 1656, 고전거장미술관, 드레스덴
그림의 맨 왼편, 술잔과 악기를 든 채 정면을 쳐다보고 있는 남자는 페르메이르 본인일 가능성이 높다. 이 가정이 사실이라면 이 얼굴은 페르메이르가 남겨놓은 유일한 자화상인 셈이다. 그러나 화가는 남자의 얼굴을 교묘하게 그늘 속에 가려놓았다.

페르메이르 역시 동년배 화가들을 통해 키아로스쿠로 기법을 배웠을 것으로 보인다. 그러나 그는 '빛의 섬세한 사용'이라는 측면에서 이 기법을 자신만의 방식으로 발전시켰다.

그림의 내용은 어떤 것일까? 붉은 옷을 입고 커다란 모자를 쓴 남자는 이 유곽의 고객이다. 그는 막 은전 한 닢을 창부의 손바닥에 놓으며 보란 듯이 그녀의 가슴에 손을 얹는다. 만족스러운 표정의 뚜쟁이 노파를 보면 거래가 성사된 듯싶다. 창부는 두 뺨이 장밋빛으로 물든, 젊고 아름다운 여자다. 그녀는 반투명한 와인잔을 손에 들고 있고 그 잔 옆에는 델프트 자기가 놓여 있다. 페르메이르는 정물 전문 화가 못지않은 능란한 솜씨로 이 두 정물을 완성시켜놓았다. 아직 젊은 나이의 화가는 이렇게 정교한 정물을 통해 자신의 실력을 과시하고 싶었는지도 모른다. 성 루가 길드에 입회한 지 아직 얼마 되지 않았을 시점이니 구매자들에게 솜씨를 보여줄 필요가 있었을 것이다.

언뜻 보기에 이해가 가지 않는 부분은 이 그림이 묘사하는 장면이 성매매 현장이라는 점이다. 도덕성을 강조하는 17세기 네덜란드 사회에서 용납될 수 없는 장면이었다. 이 당시의 풍속화가들은 가끔 '경계해야 마땅한 장면'을 그림의 주제로 선택하는 경우가 있었다. 보는 이에게 일종의 반면교사 역할을 하는 그림들로 지저분한 집 안과 술 취한 남녀를 그린 얀 스테인의 그림이 대표적이다. 페르메이르 역시 훗날 남녀가 함께 술을 마시는 모습을 담은 몇 점의 그림을 남겼는데 이런 그림들의 목적 역시 무분별한 행동을 경계하는 데에 있었다.

그림 속에 숨어 있는 페르메이르

이 그림에서 빼놓을 수 없는 중요한 부분이 하나 있다. 그림의 맨 왼편, 어둠 속에 싸인 채로 정면을 바라보는 남자의 모습이다. 페르메이르의 전작을 통틀어 그림 속 인물이 정면을 바라보며 관람객과 눈을 맞추는 경우는 그리 많지 않다. 이 인물은 그림 속 내용 전개와 아무 상관이 없다. 세련된 베레모와 흰 깃이 달린 옷을 입은 이 남자는 손에 기타와 비슷한 현악기를 들고 있다. 그는 아마 음악가인 듯하다. 남자는 어둠 속에 몸을 감춘 채, 등장인물들보다 한층 앞쪽에 앉아서 관람객들을 바라보며 서늘한 미소를 짓고 있다. 전통적으로 그림의 구석에서 정면을 쳐다보는 인물은 화가 본인일 가능성이 대단히 높다. 그림의 전체 구도를 방해하지 않은 채로 관람객을 바라봄으로써 그림과 관람객을 이어주는 인물, 그 사람이 화가 본인 아니면 누구겠는가. 라파엘로의 〈아테네 학당〉과 보티첼리의 〈동방박사의 경배〉 등 화가가 그림과 관람객을 이어주는 중개인으로 등장하는 그림은 무수히 많다. 페르메이르라고 해서 예외가 되라는 법은 없다. 결정적으로 이 왼쪽 남자가 입은 검은 옷은 다른 세 명의 등장인물 의상보다 한 세대 정도 전에 유행했던, 1620년대의 의상이다. 말하자면 이 남자는 여러모로 나머지 세 명과 동떨어진 인물이다. 그렇다면 우리를 바라보며 미소 짓는 이 남자는 스물네 살의 페르메이르일 수도 있다.

갑자기 이 남자가 궁금해진다. 관람객들은 이 남자의 얼굴과 옷차림을 좀 더 자세히 보기 위해 그림에 다가가지만 화가는 남자의 허리 아랫부분을 어둠에 감싸이게 해놓았다. 남자의 의상도 어둠 같은 검은색이다. 남자의 얼굴 역시 그늘이 드리워져 생김새는 거의 보이지 않는다. 다만 남자의 미소가 약간 서늘하다는 것, 그리고 남자가 오른손에 시턴Cittern이라는 현악기를 든 채 왼손으로 잔을 들고 건배하는 듯한 제스처를 취하는 것만이 확실히 보인다.

그림은 가끔 그림 자체를 통해 화가의 성격이나 가치관을 보여주곤 한다. 페르메이르의 그림들은 대부분 엇비슷한 성격을 드러내는데 그것은 조심스러운 온화함과 사려 깊음이다. 페르메이르는 결코 자신을 자랑하는 화가가 아니었다. 그러한 성격은 훗날 완성되는 〈회화의 기술〉에서 더욱 확연하게 드러난다. 자신의 명함 같은 이 그림에서 페르메이르는 그림을 그리는 화가, 즉 자신을 뒷모습으로 그려놓았다.

카펫의 무늬나 델프트 자기를 그린 정교한 솜씨, 어둠 속에 감추어진 화가 자신, 페르메이르의 이미지와는 영 어울리지 않는 성매매 장면 등 〈뚜쟁이〉는 여러모로 특이한 작품이다. 동시에 이 화가의 스타일이 본격적으로 그 모습을 드러내려는 시점의, 페르메이르 애호가들이라면 흥미롭게 볼 수밖에 없는 작품이기도 하다. 페르메이르는 평생 노란색과 파란색을 즐겨 사용했는데 이 작품에서 이미 노랑과 파랑에 대한 화가의 선호가 느껴진다. 그보다 더 중요한 점은 〈뚜쟁이〉에서 화가의 치밀한 솜씨와 계산이 군데군데 엿보인다는 사실이다.

〈뚜쟁이〉의 한가운데 그려진, 돈을 주고받는 남녀의 손에 주의를 집중해보자. 여자는 손을 펴서 막 남자의 손가락에 들린 은전을 받으려 하고 남자는 엄지와 검지로 쥔 은전을 여자의 손바닥 위에 놓으려는 참이다. 여기서 남자의 검지 위에 놓인 은전은 우리 눈에 동그란 모양으로 보인다. 그런데 자세히 보면 페르메이르는 은전을 다 그리지 않고 가장자리만 두꺼운 선 모양으로 그렸다. 그림에서 은전의 부피감을 느낄 수 있는 이유는 페르메이르가 은전 가장자리, 우리 시선이 가닿는 정면 부분에 흰색 물감을 바르고 그 끝을 실처럼 살짝 빼서 은전이 반짝이는 듯한 효과를 만들어냈기 때문이다. 자세히 보면 남자의 붉은 옷을 장식한 금실에도, 델프트 자기 주전자의 은뚜껑 표면에도 이런 흰색 점들이 찍혀 있다. 이 흰색 점이나 터치는 우리 눈에 광택이 반짝거리는 듯한 효과로 비쳐진다. 또흰 점은 빛나는 느낌만 주는 게 아니라 그 부분만 두드러지게 튀어나와 보이게 함으로써 물체에 입체감을 준다. 이 때문에 우리는 선으로 그려진 은전을 자연스럽게 동그란 모양으로 인식하게 된다.

페르메이르의 그림에 대해 흔히들 '그림이 반짝거린다'는 식의표현을 많이 한다. 정말로 그의 그림들은 놀라울 정도의 광채를 지니고 있다. 이 광채 뒤에는 화가의 치밀한 연구와 색 배합이 숨어 있다. 〈뚜쟁이〉를 그릴 때 페르메이르는 이미 빛의 효과를 그림에 적절하게 사용하는 방법을 깨닫고 있었다. 그리고 그는 자신이 깨달은 빛의 효과를 극대화시키려면 〈뚜쟁이〉처럼 번잡한 장면, 여러사람이 등장하고 거래하는 장면보다는 조금 더 고요하고 집중적인장면을 그림의 주제로 삼아야겠다고 생각했는지도 모른다. 〈뚜쟁이〉 다음 작품부터 페르메이르의 그림에는 등장인물의 수가 현저하게 줄어든다. 보통 페르메이르 하면 방 안에서 온몸에 햇빛을 받고 있는 여성 한 사람을 그린 그림들을 떠올리게 마련인데 그런 '페르메이르 스타일'이 네 번째 그림부터 본격적으로 등장하게 된다. 이래저래 〈뚜쟁이〉는 페르메이르 스타일의 분기점이 되는 중요한 작품이다.

미술관 밖의 노란 튤립들

오사카 시립미술관에서 여섯 점의 페르메이르 그림을 보는 일은 좀 과장해서 말하면 고단한 노동이었다. 일단 관객들이 너무나 많았고, 그 관객들은 하나같이 페르메이르의 그림에 빨려들기라도 할 듯 작품 앞을 떠나지 않았다. 페르메이르 작품들이 두 점씩 전시되어 있는 6, 7, 8 전시실에서는 발걸음을 떼기도 어려웠다. 7번 전시실에는 〈편지 쓰는 여인〉과 〈류트를 연주하는 여자〉가, 8번 전시실에는 〈연애편지〉와 〈편지를 쓰는 여인과 하녀〉가 전시되어 있었다. 네 점 모두 페르메이르의 중요한 주제인 편지와 악기에 연관된 작품들이고 빼어난 수작들이다. 그의 그림을 보려고 바다 건너 오사카까지 온 보람이 있었다.

그림 못지않게 놀라운 건 오사카의 관객들이 보여준 집중력이었다. 300년 이상의 시간이 흘렀는데도 페르메이르의 마법은 그 빛을 잃지 않았다. 평생 델프트를 떠나지 않았던 이 조용한 성격의 남자가 만약 이 사실을 안다면, 자신이 그린 그림 여섯 점이 지구 반 바퀴를 돌아 동양의 먼 나라까지 오고, 몇십만 명의 애정 어린 시선을 받고 있다는 사실을 알게 된다면 그는 어떤 표정을 지을까? 자신의 그림 속 연애편지를 쓰는 여성들처럼 눈을 반짝일까? 아니면 유일한 자화상처럼 묘한 표정을 지으며 어둠 속으로 조용히 숨어버릴지도 모른다.

전시장을 나오니 이른 봄의 창백한 햇살이 미술관의 뜰에 가득 내려앉아 있었다. 긴 겨울이 지나고 드디어 봄이 올 모양이었다. 노란 튤립은 여전히 함초롬하게 피어 바람에 무더기로 흔들리고 있었다. 노랑은 파랑과 함께 페르메이르가 유난히 좋아하던 색이었다. 전시된 그림 중에 무려 네 점에 노란 웃옷을 입은 여성이 등장했다는 데 생각이 미쳤다. 오사카 시립미술관이 아무 생각 없이 노란 튤립만을 심어놓은 게 아니었다.

페르메이르는 델프트의 많은 화가들 중 한 명으로 조용하게 살다 죽었고 사후에도 300년 가까이 망각 속에 묻혀 있었다. 그 미지의 화가는 지금 믿을 수 없을 정도로 대단한 인기를 얻고 있다. 그의 작품 제목을 딴 소설과 영화가 만들어졌고 겨우 여섯 작품을 보기 위해 사람들은 아침부터 줄을 서서 기다리고 있었다. 전시장을 가득 메운 인파에 비하면 오사카 시립미술관 앞의 고요함이 느닷없게 느껴지기까지 했다.

문득 페르메이르가 평생을 살았다는 델프트에도 이렇게 창백하고 맑은 북구의 햇살이 비치겠지, 하는 생각이 들었다. 그 어떤 자료도 남아 있지 않다지만 델프트의 햇빛과 바람은 300년 전 페르메이르가 살던 때와 똑같을 게 아닌가. 델프트에 꼭 가야겠다고 나도 모르게 중얼거렸다. 가서 페르메이르의 생가가 있던 곳에 서보고 그가 〈델프트 풍경〉을 그렸던 강변에도 가보리라. 화가의 평생을 품었던 고장에 가면 무엇이라도 건질 수 있을 거라는, 까닭 모를 자신감이 마음속에서 풍선처럼 부풀어 올랐다.

일본 속의 네덜란드, 난학과 데지마 상관

사실 일본인들에게 네덜란드는 친숙한 국가다. 대항해시대가 열린 16세기 초반, 스페인, 포르투갈, 영국, 네덜란드의 상선은 후추, 향신료, 비단 등을 얻기 위해 경쟁적으로 아시아 교역에 나섰다.

아시아 시장에 맨 먼저 진출한 국가는 포르투갈이었으나 강력한 해군을 가진 영국, 동인도회사를 앞세운 네덜란드의 추격도 만만치 않았다. 1542년, 포르투갈 상선이 일본 규슈의 다네가시마섬에 상륙했다. 유럽과 일본의 첫 접촉이었다. 포르투갈인들은 일본에 화승총을 전해주는 대신 은을 수입했다. 일본은 화승총 자체 제작에 성공하여 '조총'이라 이름 붙였다. 신무기 개발로 자신감을 얻은 일본은 1592년 임진왜란을 일으켰다.

한편, 프란치스코 하비에르를 비롯한 예수회 신부들은 1549년, 나가사키에 가톨릭 선교회를 설립했다. 1571년, 나가사키가 포르투갈과의 무역을 공식적으로 허용했다. 이후 포르투갈, 스페인, 영국, 네덜란드 등이 나가사키를 기점으로 일본에 진출했다.

임진왜란 후 일본의 지배자가 된 도쿠가와 이에야스는 유럽의 조선술을 배우기 위해 영국인 선원 윌리엄 애덤스에게 사무라이 칭호와 영지를 줄 정도였다. 이에야스가 외국인에게 관대한 정책을 펴자 예수회 신부들의 포교 활동도 더욱 적극적으로 이루어졌다. 1600년대 초반, 나가사키의 가톨릭 신자는 15만 명으로 늘어났다.

그러나 가톨릭의 급격한 교세 확장을 보며 막부는 고유의 문화 공동체가 흔들릴 것을 우려했다. 결정적으로 예수회의 반란 세력 지원 사실이 밝혀지면서 가톨릭과 서구 국가에 대한 막부의 반감이 커졌다. 막부는 1639년 쇄국 정책을 선언하여 모든 유럽인을 쫓아냈다. 오직 신교도인 네덜란드인만이 나가사키의 데지마에 머물며 제한적인 교역권을 얻었다. 이후 200여 년간의 쇄국 정책 와중에도 네덜란드 물품은 데지마 상관을 통해 일본에 퍼져나갔다. 18세기 초, 네덜란드어 사전이 간행되었고 네덜란드의 의학, 과학, 미술 등을 연구하는 '난학(蘭學)'이라는 학문도 생겨났다. 데지마 상관의 번역가들이 주도한 난학은 일본이 서양의 기술과 문화를 배우는 중요한 통로가 되었다.

1853년 개항 이후 일본은 단시간에 과학, 군사, 산업 등을 발전시켜 1894년 청일전쟁, 1904년 러일전쟁에서 승리했다. 데지마 상관을 통해 200년 이상 발전한 난학이 없었다면 일본은 이처럼 빨리 근대화를 이루지 못했을 것이다. 일본과 네덜란드 사이의 오랜 교류의 역사와 일본 내 페르메이르의 인기 사이에는 분명 어떤 관계가 있는 듯싶다.

근면하고 엄격한
상인의 나라

17세기 네덜란드

비와 자전거의 도시, 암스테르담

　네덜란드 암스테르담에 처음 가본 사람들은 도심을 누비는 엄청
난 자전거의 대열에 깊은 인상을 받게 된다. 남녀를 불문하고 훤칠
하게 키가 큰 사람들이 모자를 쓰고, 목도리를 둘둘 감고, 대각선으
로 가방을 비끄러맨 채 자전거를 타고 날렵하게 도심을 달려간다.
암스테르담에는 셀 수 없을 정도로 많은 운하와 다리, 그리고 그보
다 훨씬 더 많은 자전거 전용 도로들이 존재한다. 이 도시에 아직 익
숙하지 않은 관광객들은 자동차보다 오히려 자전거에 치이지 않도
록 조심해야 한다. 자동차는 길에서 머뭇대는 보행자를 보고 바로
설 수 있지만 자전거는 급정거가 어렵기 때문이다. 암스테르담의
자전거 운전자들은 한두 명이 다니기도, 때로는 무리를 지어 다니
기도 한다. 한 무리의 자전거가 다니면 자전거끼리 부딪쳐 넘어질
위험도 있을 법한데 모두들 놀라울 정도로 요리조리 서로를 잘 비
껴간다.

비 오는 날에는 외투 위에 비옷을 덧입거나 그나마 비옷조차도 입지 않고 모자만 쓴 채로 달리는 자전거족의 행렬을 볼 수 있다. 북해에 면한 항구도시인 암스테르담의 날씨는 사시사철 거의 언제나 차갑다. 매서운 바람이 부는 날도 찬비가 쏟아지는 날도 네덜란드 사람들은 자전거를 타고 회사나 학교로 달려간다. 암스테르담의 대중교통 상황이 유럽의 다른 도시들에 비해 나빠 보이지는 않았다. 버스와 트램이 도심의 주요한 지점과 교외를 촘촘하게 잇고 있다. 그런데도 사람들은 자전거를 탄다. 자전거를 타면 교통비가 들지 않고, 환경을 오염시키지 않으며, 건강에 좋다는 게 이들이 자전거를 선호하는 이유다. 물론 춥거나 비에 젖고, 몸이 고단하며, 사람이나 차에 부딪힐 위험이 크지 않냐고 물어보고 싶기는 하지만 그런 개인적 의문에 대답해줄 만한 네덜란드 친구는 내게 없다.

자전거를 타고 달려가거나 긴 다리로 보도를 성큼성큼 걸어가는 네덜란드 사람들은 언제나 바쁘고 조금은 쌀쌀맞아 보인다. 이들에게는 영국인이나 프랑스인에게서는 찾아보기 어려운 어떤 '엄격함'이 분명히 있다. 크고 훤칠하지만 냉정해 보인다는 점에서 네덜란드 사람들과 가장 인상이 비슷한 이들은 독일인들이다. 인상만큼이나 언어도 비슷하다. 그 어원까지는 알 수 없지만 스히폴 국제공항의 안내판에 써 있는 네덜란드 단어 '아우트항Uitgang(출구)'은 같은 뜻의 독일어 '아우스강Ausgang'과 상당히 유사해 보인다.

4월의 암스테르담 중심가 로킨 거리

암스테르담 곳곳에서 트램을 비롯한 대중교통과 자전거, 보행자가 공존하는 모습을 쉽게 볼
수 있다. 북해에 면한 도시답게 시민들은 봄에도 두툼한 패딩점퍼나 외투를 입고 목도리를 두
른 채로 자전거를 탄다.

17세기 네덜란드: 무엇이 페르메이르를 낳았는가

페르메이르의 사생활에 대해 남겨진 자료는 거의 없지만, 그래도 그의 생몰년은 분명하다. 페르메이르는 1632년 델프트에서 태어나 1675년 사망했다. 40년 조금 넘는 생애를 살았고 짧은 몇 번의 여행을 제외하면 그 시간 내내 델프트에만 머물렀다. 1606년에 태어난, 한 세대 위의 화가인 렘브란트가 고향인 레이던을 떠나 암스테르담으로 일찌감치 이주한 데 비해 페르메이르는 네덜란드 중심부에서 각광을 받은 적은 없었다. 델프트라는 도시에서는 이름이 제법 알려진 화가였지만, 그는 생전에 수천 명의 17세기 네덜란드 화가들 중에서 그리 두드러지게 유명한 화가는 아니었다.

잠깐 여기서 하나의 의문이 생겨난다. 네덜란드는 예나 지금이나 그리 큰 나라가 아니다. 현재 네덜란드 인구가 1700만 명이니 17세기에는 그보다 훨씬 적었을 것이다. 그런 작은 나라에서 어떻게 그렇게나 많은 화가가 존재했던 것일까? 1650년으로만 한정 지어도 이 당시 네덜란드에서 활동하는 현역 화가의 수는 700명에 달했다. 페르메이르를 이해하기 위해서는 우선 이 점을 알아야 한다. 당시 네덜란드에서는 수많은 화가들이 무한 경쟁 상태에서 그림을 그리고 있었다. 이 점이 일단 남다르다. 그리고 또 하나 독특한 사실이 있다. 그 많은 화가들의 그림이 당대 유럽의 다른 화가들이 주로 그리던 종교화가 아니었다는 점이다. 이들은 성서의 내용 대신 풍속화, 정물화, 풍경화, 초상화, 트로니Tronie 등 갖가지 새로운 주제를 담은 그림들을 그렸다.

역사학자 자크 바전Jacques Barzun은 "모든 예술 작품은 그 시대정신의 모자이크"라고 말했고 페르메이르의 그림 역시 마찬가지다. 페르메이르라는 화가가 프랑스나 이탈리아, 또는 독일에서 태어났다면 〈우유를 따르는 하녀〉나 〈진주 귀고리 소녀〉 같은 걸작들은 탄생할 수 없었을 게 분명하다. 페르메이르가 걸출한 재능을 발휘하며 '북구의 모나리자'라고 불리는 〈진주 귀고리 소녀〉를 그리게 된 이유도, 동시에 그가 그다지 각광받지 못하고 고단하게 그림을 그리다 비교적 빨리 생애를 마감하게 된 이유도 모두 그가 살았던 '17세기 네덜란드'라는 특별한 시공간과 연관이 깊다. 이 17세기 네덜란드를 흔히 '황금시대'라고 부른다. 수많은 화가들이 눈부신 활약을 보였고, 동시에 모두가 생존을 위해 분투해야만 했던 시기였다.

스위스의 문화사학자 야코프 부르크하르트Jacob Burckhardt는 15세기 피렌체가 예술가들에게는 "밑으로 가라앉지 않기 위해 끝없이 발버둥 쳐야만 하는 물웅덩이" 같은 분위기였다고 묘사했다. 17세기 네덜란드의 상황은 어찌 보면 르네상스가 태동하던 15세기 피렌체와 엇비슷했다. 다른 점이 있다면 15세기 피렌체에는 메디치 가문이라는 지배 권력이 존재했으나 17세기 네덜란드에는 그런 소수의 특권층이 존재하지 않았다는 점이다. 당시 네덜란드의 권력은 시민계급의 손에 쥐여져 있었고 모든 그림들은 자연히 시민들의 기호에 맞춰 그려졌다. 페르메이르의 대표작인 〈우유를 따르는 하녀〉의 주인공은 귀족이 아닌 여염집의 하녀다. 왕족이나 귀족이 아닌 하녀가 그림의 주인공으로 등장할 수 있는 사회, 17세기 네덜란드는 여러모로 독특한 곳이었음이 분명하다.

신은 세계를, 네덜란드인은 네덜란드를 창조했다

유럽의 지도에서 네덜란드를 찾기는 쉽지 않다. 북해에 면해 있는 네덜란드는 국토의 왼편으로 벨기에, 오른편으로 독일과 접경해 있다. 지도에서 '베네룩스 3국'이라고 불리는 벨기에, 네덜란드, 룩셈부르크를 합치면 날개를 펴고 날아가는 새의 형상이 그려진다. 벨기에가 새의 몸통, 네덜란드가 새의 펼친 날개, 룩셈부르크가 새의 발 모양이다. 세 나라 중에서는 네덜란드가 가장 크지만, 그 면적은 우리나라의 경상남북도 정도에 불과하다. 인구수는 1700만으로 국토가 워낙 좁아 인구밀도가 높은 편에 속한다. 우리에게는 튤립과 풍차, 그리고 국토의 4분의 1 가까이가 해수면보다 낮은 특이한 자연 환경의 국가로 알려져 있지만 정작 네덜란드 사람들은 튤립이나 풍차 같은 고전적인 인상으로 자신들의 나라가 기억되는 걸 달가워하지 않는 듯싶다. 현재는 빌럼알렉산더르 국왕이 있는 입헌군주제 국가인데 이 부분이 조금 독특하다. 보통 유럽 국가들은 전제군주 국가에서 공화국, 또는 입헌군주국으로 정치 체제가 변화해 왔다. 반면, 네덜란드는 거꾸로 공화국에서 입헌군주국으로 역사가 바뀐 특이한 경우다.

다시 지도에서 네덜란드의 모습을 확인해보면 이 나라의 영토가 북해를 밑변으로 하는 삼각형 모양으로 생겼다는 사실을 알 수 있다. 네덜란드는 라인강, 마스강, 스헬더강, 이 세 개의 강이 북해로 흘러 들어가면서 만들어낸 일종의 삼각주다. 자연의 법칙대로 이 삼각주는 넓고 평평하며 매우 습한 동시에, 강물이 싣고 온 영양분

네덜란드

벨기에

룩셈부르크

네덜란드의 위치

네덜란드는 유럽 지도에서 찾기 어려울 정도로 작은 나라다. 북해에 면해 있고 왼편으로는 벨기에, 오른편으로는 독일과 접경하고 있다. 삼각주 모양인 국토의 4분의 1 가까이가 해수면보다 낮은, 지리적으로는 명백하게 열악한 환경이다.

이 풍부한 퇴적층이 쌓인 지역이다. 네덜란드의 국토는 양면성을 가지고 있는 셈이다. 농사가 잘될 수 있는 터전인 동시에 저지대여서 홍수나 침식에 취약할 수밖에 없다.

척박한 자연 환경 때문에 네덜란드 지역에 사람들이 정착한 시기는 유럽에서 가장 늦은 편이다. 11세기경, 네덜란드 주민들은 비옥한 습지를 이용하기 위해 제방을 쌓고 수로를 내서 강물이 바다로 빠지도록 만들었다. 네덜란드 면적의 4분의 1 가까이가 바다보다 낮은 땅인 이유가 여기에 있다. 제방을 쌓아 개간한 땅에도 물은 계속 차올라서 끊임없이 이 물을 배수로로 빼내야 했다. 네덜란드의 상징으로 알려져 있는 풍차는 물을 길어 올려 배수로로 내보내기 위해 만들어진 장치다. 바람으로 풍차를 돌려 그 힘으로 물을 퍼냈으니 풍차는 최초의 풍력발전소였던 셈이다.

유달리 가혹한 자연 환경이라는 조건은 '황금시대'로 불리는 17세기 네덜란드 시민사회의 성립에 중요한 역할을 한다. 네덜란드인들은 '신이 세상을 창조했다면 네덜란드는 네덜란드인들이 창조했다'고 말하곤 한다. 네덜란드에서는 일찍부터 '한 뼘의 땅이라도 내가 개간했으니 이 땅은 내 땅'이라는 사유재산 개념이 싹텄다. 동시에 둑을 쌓고 배수로를 만드는 작업은 여러 사람이 힘을 합쳐야 가능한 일이었기 때문에 네덜란드에서는 시민들 사이의 협동이 중요한 덕목이 되었다. 네덜란드의 수도 '암스테르담'이라는 이름은 '암스텔Amstel강에 쌓은 댐Dam'이라는 뜻이다.

축축하고 습한 땅이지만 동시에 네덜란드와 벨기에는 프랑스와 독일 사이에 있는 전략적 요충지이기도 했다. 이 땅은 일찍이 스페

네덜란드 풍차

암스테르담 인근 물가에 풍차들이 줄지어 서 있다. 우리는 네덜란드 하면 풍차가 도는 낭만적인 풍경을 자연스럽게 떠올리지만, 풍차는 해수면보다 낮은 땅에 끊임없이 고이는 물을 퍼내기 위한 실용적인 동력 장치였다.

인 합스부르크가의 지배를 받았다. 플랑드르(저지대)로 불리던 이 지역은 종교개혁의 와중에 네덜란드와 벨기에로 분열된다. 1568년, 스페인 왕 펠리페 2세의 과중한 세금에 반발한 북부 7개 주가 오라녀 공 빌럼의 주도하에 스페인의 지배에 반기를 들었다. 이때부터 스페인군과 7개 주 시민군 사이의 독립전쟁이 시작되었다. '80년 전쟁'이라 불리는 이 치열한 독립전쟁의 결과로 북부 7개 주는 1609년의 휴전을 전후해 사실상 독립을 쟁취했다. 유럽의 대부분이 휩쓸려 들어간 30년 전쟁의 종전을 선언한 1648년의 베스트팔렌조약을 통해 북부 7개 주는 정식 독립국의 지위를 획득하게 된다. 이때 네덜란드 시민사회는 군주도 귀족도 없는 공화국 체제를 선택했다. 알프스 이북 지역에서 최초로 성립된 공화국인 네덜란드공화국은 이후 1806년 나폴레옹에게 점령당할 때까지 200년 가까운 긴 시간 동안 시민의 국가라는 독특한 국가 체제를 고수했다.

렘브란트와 페르메이르가 활동했던 17세기 네덜란드 정치 체제를 간단히 설명하면 이렇다. 그러나 일견 간단해 보이는 역사적 사실의 뒤에는 실로 복잡한 사연과 우연의 연속들, 잔혹한 사건들이 엉켜 있기 마련이다. 우선 작은 나라 네덜란드가 왜 굳이 유혈 충돌을 불사해가며 스페인 합스부르크가의 지배 체제에서 독립하려 했는지를 살펴볼 필요가 있다.

16세기 말부터 17세기 중반에 이르는 긴 독립전쟁 끝에 플랑드르 남부는 가톨릭 세력권으로 남아 지금의 벨기에가 되었고, 북부 7개 주는 가톨릭과 합스부르크가의 지배를 거부하면서 지금의 네덜란드로 독립했으나 실상은 그리 간단하지 않았다. 우선 그 전의 역사부터 다르다. 그 역사의 흔적은 요즘에도 벨기에와 네덜란드의 관광 명소를 돌아보면 확연히 느낄 수 있다.

같은 저지대이지만 벨기에 도시인 브뤼셀, 겐트, 안트베르펜 등은 네덜란드의 암스테르담, 로테르담, 델프트 등과 완연히 다른 분위기를 풍긴다. 벨기에 도시들에는 중세 후반부에 지어진 화려한 성당과 건물이 즐비한 반면, 암스테르담의 운하 양편으로는 하나같이 좁은 입구의 실용적인 집(카날 하우스Canal House)들이 촘촘하게 들어차 있다. 벨기에의 도시들이 직물과 사치품 교역 등으로 풍요로운 중세를 건설한 반면, 11세기에 댐을 쌓아 인공적으로 건설된 도시 암스테르담은 가공한 청어를 수출해서 도시의 규모를 키웠다. 청어 수출의 이득을 극대화하기 위해 조선산업이 15세기부터 암스테르담을 중심으로 발전했다. 청어 수출로 발전하기 시작한 암스테르담항은 점점 더 다양한 품목을 거래하면서 유럽 전역으로 교역 대상을 확대해나갔다.

이 점이 겐트, 브루게, 안트베르펜 등 오늘날의 벨기에 지역 항구도시와 암스테르담의 중요한 차이점이다. 벨기에의 항구도시들은 향료와 직물 등 고급 품목의 수출입에 주력하고 있어서 굳이 다른 물품의 교역에 눈을 돌릴 이유가 없었다. 15세기 벨기에 지역에서 그려진 그림들을 보면 이 차이가 확연히 눈에 보인다. 벨기에 지역 화가인 얀 반 에이크의 〈아르놀피니 부부의 결혼〉이나 로베르트 캄핀의 〈수태고지〉 같은 그림 속 인물들은 화려한 색의 직물로 지어진 옷을 입고 안락한 실내에서 생활하고 있다. 이들은 이미 사치품 무역으로 충분한 부를 확보하고 있었다. 암스테르담은 달랐다. 청

암스테르담 운하에 줄줄이 서 있는 카날 하우스

좁고 길쭉한 모양의 카날 하우스는 주로 17세기 후반에 지어졌다. 집의 입구 너비에 따라 세금을 매기는 네덜란드의 세금 제도 때문에 폭이 좁고 앞뒤가 긴 독특한 양식의 주택이 만들어졌다. 탄생 경위는 꽤나 삭막하지만 지금 우리에겐 예쁘고 아기자기한 풍경이다.

어를 싣고 출항한 배가 빈손으로 돌아오지 않고 다양한 품목을 싣고 돌아옴으로써 암스테르담은 중세 후반 이후로 북해 무역의 중계 기지로 급성장했다.

이런 분위기에서 1517년, 독일 비텐베르크대학의 신학 교수 마르틴 루터가 교황 레오 10세에게 보내는 의견서를 공개하면서 종교개혁의 불길이 급작스럽게 일어났다. 종교개혁은 교황청의 사치와 성 베드로 대성당 건립 비용 마련을 위한 면벌부 판매를 루터가 비난하면서 시작되었다. 그러나 유럽 각국은 저마다의 정치적 지형에 맞춰 이 종교개혁을 받아들이거나 이용하게 된다. 네덜란드 역시 마찬가지였다.

네덜란드공화국의 탄생

1500년대 중반 당시 오늘날의 네덜란드 영토인 플랑드르 북부 7개 주는 신성로마제국에 속해 있었다. 합스부르크가에서 세습하는 신성로마제국의 황제는 빈에 거주하며 유럽의 절반 이상을 통치했다. 플랑드르의 실질적인 지배자는 합스부르크가의 한 갈래인 스페인 왕가였다. 여기서 한 가지 의문이 고개를 든다. 네덜란드와 스페인 사이의 거리는 결코 가깝지 않다. 빠른 교통수단도, 통신 장비도 없었던 500여 년 전에 스페인 군주가 이토록 멀리 떨어져 있는 영토를 어떻게 지배할 수 있었을까? 1500년대 중반의 네덜란드인들에게 스페인 국왕 펠리페 2세는 명목상의 통치자일 뿐이었다. 네

로베르트 캄핀, 〈수태고지〉

목판에 유채, 64.1×63.2cm, 1427~1432, 메트로폴리탄 미술관, 뉴욕

'수태고지'는 천사 가브리엘이 성모 마리아에게 성령에 의해 잉태했음을 알리는 장면으로, 중세 이후 화가들이 빈번히 그린 종교화의 주제다. 그림의 왼쪽에 천사 가브리엘, 오른쪽에 성모 마리아가 앉아 있다. 마리아는 여염집에서 잘 자란 처녀처럼 보인다. 원목 탁자와 꽃병, 벽난로 가리개, 놋쇠 주전자 같은 세간살이들이 15세기 플랑드르 시민들의 여유로운 일상을 알려주는 듯하다.

덜란드인들은 스스로의 힘으로 국토를 개간해 넓혔으며, 거친 북해를 헤치며 청어 가공과 수출을 통해 경제적 풍요를 일구어온 이들이었다. 자연히 이들은 실용적인 가치를 제일로 생각하는 경향이 있었으며 신앙과 군주에게 순종하기는 했으나 절대적으로 복종하려 들지는 않았다.

또 하나 네덜란드가 다른 유럽 지역과 다른 점은 네덜란드에는 중세 봉건제가 자리 잡지 못했다는 사실이다. 영주가 장원을 관리하고 그 장원 내에서 농사를 짓는 농노들이 영주에게 예속되는 장원제는 네덜란드의 지리적 여건에서 이루어질 수 없었다. 네덜란드인들은 11세기 이후로 국토의 대부분을 개간해서 만들었다. '그전부터 땅을 가지고 있던 영주'가 존재할 수 없는 환경이었다. 자연히 네덜란드는 유럽 그 어느 지역보다 귀족의 영향력이 작았고 대신 상인을 중심으로 한 시민의 힘이 막강했다. 1500년대의 네덜란드 지역에서 귀족이 소유한 땅은 5퍼센트에 불과했다. 가톨릭은 중세 이후로 봉건제도를 바탕으로 교세를 늘려갔던 종교다. 봉건제도가 자리 잡지 못한 네덜란드, 세계 무역의 중심지인 네덜란드에서 귀족이나 가톨릭의 영향력은 상대적으로 미약할 수밖에 없었다.

이런 상황에서 광신적인 가톨릭 신자 펠리페 2세는 네덜란드 시민들에게 과중한 세금을 부과하고, 스페인 본토에서 시행되던 종교재판을 네덜란드 지역에도 도입하겠다고 선언함으로써 시민들의 분노를 샀다. 네덜란드 지역에서는 1500년대 중반부터 개신교가 퍼져나가고 있었다. 특히 네덜란드인들은 프랑스 출신의 스위스 신학자 장 칼뱅을 지지했는데 칼뱅은 독실한 신자가 열심히 일해서

부를 일구는 것이 성서의 가르침에 어긋나지 않는다고 설교했다. 이러한 칼뱅파 개신교의 득세는 펠리페 2세로서는 절대 용납할 수 없는 일이었다. 펠리페 2세의 종교재판관은 개신교를 일단 받아들인 이들은 가톨릭으로 다시 개종한다 해도 무조건 처형했다. 오라녀 공 빌럼을 중심으로 북부 7개 주가 뭉치기 시작했다. 이들은 스페인 관리의 눈을 피해 야외에서 비밀리에 개신교 예배를 보았는데 피터르 브뤼헐의 그림 〈세례 요한의 설교〉에 당시 분위기가 은밀하게 그려져 있다.

1566년, 스페인 지배 세력에 대한 반발로 플랑드르에서 대대적인 '성상 파괴 운동'이 벌어졌다. 루터를 필두로 한 개신교 지도자들은 교회 안을 성상이나 성화로 장식하는 가톨릭 전통이 교회의 타락을 불러왔다고 주장하고 있었다. 이 소식에 대로한 펠리페 2세는 알바 공작을 선봉장 삼아 1만 명의 군대를 플랑드르 지역에 파견했다. 이리하여 북부 7개 주와 스페인 사이의 본격적인 전쟁이 시작되었다. 알바 공작은 '철의 공작'이라고 불릴 만큼 인정사정없는 장군이었고 승리한 지역의 개신교인들을 모조리 처형했다. 지나치게 잔인한 알바 공작의 군대는 오히려 네덜란드 시민군을 단결시키는 결과를 가져왔다. 1578년 암스테르담이 개신교도의 수중에 들어갔고 오라녀 공 빌럼이 암스테르담에 입성했다. 전쟁이 장기화되면서 알바 공작도 빌럼도 사망했지만 시간과 민의는 개신교도의 편에 있었다. 네덜란드인들은 정치·경제적 측면 모두에서 자유를 원했고 먼 나라에 있는 국왕에게 복종하려 들지 않았다.

1579년 플랑드르의 북부 7개 주는 위트레흐트동맹을 맺어 신앙

피터르 브뤼헐, 〈세례 요한의 설교〉

목판에 유채, 95×160.5cm, 1566, 부다페스트 미술관, 부다페스트

야외에서 설교하는 세례 요한을 그렸으나 정작 요한의 모습은 찾기 어려울 정도로 작게 그려져

있다. 그림의 실제 주인공은 모여서 설교를 듣고 있는 민중이다. 16세기 후반, 스페인 관리들의 눈을 피해 비밀리에 예배를 보았던 플랑드르 개신교 신자들의 분위기를 간접적으로 보여주는 그림이다.

과 자유를 쟁취하기 위해 끝까지 싸울 것을 결의했다. 플랑드르 17개 주 중 나머지 10개 주는 스페인의 총독인 파르마 공작에게 복종하기로 했다. 이로써 플랑드르 지역은 벨기에와 네덜란드라는 두 나라로 갈라지게 된다. 스페인군의 침략으로 플랑드르의 주요 도시들이 황폐해지면서 안트베르펜, 브루게, 겐트 등의 영광은 과거로 흘러갔다. 치열한 전쟁 끝에 북부 7개 주는 1609년 스페인군과 휴전조약을 맺었고 1648년의 베스트팔렌조약으로 정식 독립을 쟁취했다. 이것이 네덜란드인들이 말하는 '80년 전쟁'의 전말이다.

뛰어난 예술 작품의 탄생은 정치적 격변과 묘하게 흐름을 같이 하는 경우가 많다. 1500년대까지 플랑드르의 훌륭한 화가는 오늘날의 벨기에서 많이 등장했다. 겐트의 반 에이크 형제와 브루게의 한스 멤링, 브뤼셀의 로베르트 캄핀과 로히어르 판데르 베이던 등은 중세 후반부의 걸출한 화가들이다. 이들은 합스부르크 궁정과 가톨릭의 후원을 받으며 벨기에 도시들에서 활동했다. 그러나 1600년대를 기점으로 뛰어난 화가의 탄생 지역은 거짓말처럼 네덜란드로 옮겨지게 된다. 프란스 할스, 렘브란트 판 레인, 피터르 더 호흐, 하브릴 메추 등은 모두 1600년대 네덜란드에서 활동한 화가들이다. 물론 요하네스 페르메이르도 빼놓을 수 없다.

단순히 독립국의 지위를 쟁취했기 때문에 네덜란드에서 갑자기 화가들이 쏟아져 나온 건 물론 아니었다. 수많은 화가들은 동인도회사, 주식과 선물 거래, 튤립 파동, 카날 하우스의 유행 등 17세기 네덜란드에서 생겨난 새롭고 독창적인 여러 변화들과 함께 나타난 현상이었다. 많은 화가가 다양한 장르에서 무한 경쟁을 펼치던 때,

페르메이르도 그중 한 사람이었다. 어찌 보면 이 특별한 화가를 탄생시키기 위해 네덜란드라는 나라 전체가 몇백 년을 준비한 셈이다. 아이러니하게도 페르메이르 생존 당시에는 페르메이르 본인이나 그의 주위 인물 모두 이 화가가 훗날 17세기 네덜란드의 황금시대를 빛낼 인물이라는 점을 전혀 눈치채지 못했다. 그는 치열한 네덜란드 그림 시장에서 중간보다 조금 더 위 정도에 위치한, 하고많은 화가 중 한 사람일 뿐이었다. 그렇다면 독립국 네덜란드, 공화국 체제를 선택한 이 상인들의 나라에 왜 그토록 많은 화가가 필요했던 것일까?

황금시대, 혹은 무한 경쟁 시대

독립국이 된 네덜란드공화국은 그 전과 마찬가지로 여전히 상인이 운영하는 국가였다. 강대국의 그늘에서 벗어나고 과중한 세금 부담도 없게 된 네덜란드 상인들은 무역선을 타고 새로운 교역 거점을 찾아 나섰다. 인도네시아, 아메리카, 일본까지 닿을 정도로 16~17세기 네덜란드 무역선의 기세는 거침이 없었다. 무역선들이 아시아와 아메리카대륙에서 실어 오는 차와 향료, 담배, 커피 등의 무역을 지휘하기 위해 1602년 동인도회사가 설립되었고 한편으로는 동인도회사의 수익을 관리하기 위한 세계 최초의 주식거래소가 암스테르담에 만들어졌다.

동인도회사는 군대까지 보유한 '국가 밖의 국가'로 군림하며 네덜란드를 근대적 금융의 허브로 만드는 데 큰 기여를 했다. 동인도 회사의 투자자들은 처음에는 수익을 현물로 받았으나 이 현물을 현금화하는 데는 여러 장애가 있었다. 이런 시행착오를 거쳐 동인도회사는 수익을 투자자들에게 현금으로, 이후에는 다시 주식으로 분배했고, 동인도회사의 주식을 거래하기 위해 1602년 암스테르담에 세계 최초의 주식거래소가 문을 열게 된다. 시민들의 국가 네덜란드는 근대 사회로 한 발자국씩 다가가고 있었다. 17세기에는 전 유럽 물동량의 75퍼센트가 암스테르담 항구를 거쳐 갔다. 암스테르담이 번영하자 종교의 자유와 돈을 벌 기회를 찾아 이 도시를 찾아오는 이민자의 수도 덩달아 늘었다. 1585년에 3만 명에 불과했던 암스테르담의 인구는 1680년에 22만 명으로 늘어났다. 2010년 유네스코 세계문화유산으로 지정된 암스테르담의 운하망도 이즈음 건설되었다. 이 운하망은 90개의 섬을 1500여 개의 다리로 이어서 암스테르담 도심을 잇는 형태이며 현재까지 암스테르담의 명소로 꼽힌다.

어디와 비교해도 불리한 자연 조건을 갖춘 네덜란드가 유럽과 신세계를 잇는 창구로, 그리고 근대 시민사회와 금융업의 허브로 변신하게 된 것이다. 이 와중에 튤립 파동 등 갖가지 사건이 터지기도 했다. 이 모든 해프닝은 네덜란드가 군주나 귀족이 아닌 시민, 그중에서도 상인의 힘으로 운영되는 국가임을 보여주는 사건들이다.

독특하게 운영된 네덜란드 사회, 그리고 시민의 가치관은 예술가의 세계에도 깊은 흔적을 남겼다. 흔히 17세기 네덜란드 황금시대의 대표적인 화가로 프란스 할스, 렘브란트 판 레인, 요하네스 페르메이르, 이 세 사람을 든다. 이 중 페르메이르를 제외한 두 화가의 주력 분야가 초상화다. 그중에는 여러 사람을 동시에 그린 '집단초상화'가 적지 않은데, 이 집단초상화라는 장르는 네덜란드 시민사회의 모습을 극명하게 보여주는 표본과도 같다.

17세기 네덜란드, 특히 암스테르담은 놀라울 정도로 세심하게 조직된 사회였다. 모든 남자는 저마다의 직업에 종사하고 있었고 이들은 각 직업별로 구성된 조합(길드)의 소속원이기도 했다. 상업과 무역으로 이루어진 도시답게 암스테르담에는 다종다양한 직업이 있었고 이들은 저마다의 직업에 자부심을 가지고 있었다. 그 자부심을 영구히 보존하기 위해 조합원은 돈을 추렴해서 화가에게 조합 사무실에 걸 집단초상화를 의뢰했다. 같은 시기, 유럽의 다른 국가들에서는 성당의 제단 뒤에 걸기 위한 대규모 제단화나 군주와 귀족의 궁정을 장식할 목적의 역사화, 또는 군주의 장대한 초상화가 주로 그려지고 있었다. 이에 비해 네덜란드의 집단초상화 모델은 모두가 평민이고 특정 직업의 종사자였다. 성공한 가장은 자기 가족을 담은 초상을 화가에게 의뢰하기도 했다.

이 집단이나 가족의 초상화에서 볼 수 있는 것은 근면하고 성실하게 살아가는 시민 개개인의 긍지와 자부심이다. 집단초상화의 인물들은 거의 똑같은 옷을 입고 있으며 가족 초상화에서도 아버지와 아들이, 어머니와 딸이 비슷한 옷을 입고 있다. 네덜란드 국립미술관에 있는 카럴 뒤야르딘의 〈여성교화소 운영위원들의 집단초상〉에 등장하는 위원 5명은 똑같이 검은 옷에 흰 칼라가 달린 옷을 입고 역시 똑같이 검은 모자를 썼다. 이들은 테이블을 둘러싸고

카럴 뒤야르딘, 〈여성교화소 운영위원들의 집단초상〉

캔버스에 유채, 225×390cm, 1669, 네덜란드 국립미술관, 암스테르담

똑같은 모자를 쓴 다섯 명이 교화소 위원들이다. 화가는 이들이 모여 회의하다 심부름꾼이 가지고 온 전갈을 받기 위해 잠시 의논을 멈춘 모습을 초상으로 남겼다. 집단초상은 네덜란드 시민의 자기 직업에 대한 자부심을 보여주는 중요한 수단이었다. 그림 속 등장인물들이 화가에게 줄 경비를 똑같이 나눠 추렴했기 때문에 그림에서 이들이 모두 동일한 비중으로 등장하는 것이 집단초상화의 중요한 철칙이다.

회의를 하다 막 들어온 심부름꾼의 편지를 받고 있다. '여성교화소 Spinhuis'란 물레잣기 같은 직업교육을 통해 여자 거지나 도둑, 매춘부 등을 교화시켜 내보내는 기관이었다. 집단 구성원들의 비슷한 차림새는 집단과 가족이 따라야 할 규범을 의미하는 듯 보이기도 한다. 17세기 네덜란드인들은 스스로 근면, 성실, 책임감, 절약, 신실함 등의 규범을 창조하고 있었고 그 규범은 가족과 직업 집단으로 이어지며 사회를 지탱하는 중추 역할을 했다.

개인의 자부심을 보여주는 그림들

단순히 '초상화 제작 의뢰가 많았다'는 점으로 17세기 네덜란드 화가들의 수가 1천여 명에 가까웠다는 사실을 설명할 수는 없다. 17세기 네덜란드 화가들 중에 현재까지 작품이 남아 있고 연구 대상이 된 이들의 수만 해도 수백 명이 넘는다. 네덜란드의 종교는 개신교 중에서 가장 엄격한 칼뱅파였다. 개신교는 루터의 주장대로 예배당을 장식하는 성상이나 성화를 터부시하는 분위기였다. 이 때문에 네덜란드 화가의 그림에서 종교화를 찾기는 쉽지 않다. 설령 교회가 종교화를 허용한다 해도 다른 지역처럼 큰돈을 주며 대형 종교화를 청탁할 권력자가 없는 사회가 네덜란드였다.

종교화 대신 많은 화가들이 주목한 주제는 근면성실한 일상의 장면이었다. 아기를 키우거나 일하는 엄마, 깨끗하게 치워진 집의 안뜰, 제화공이나 양복장이의 작업실, 성서를 읽는 노인 등이다. 넓고 완만하게 펼쳐진 네덜란드의 평원, 한가로이 파리를 쫓는 소 떼, 튤립과 히아신스가 꽂힌 꽃병, 반들반들하게 닦은 은식기와 치즈, 빵이 놓여 있는 식탁 등도 그려졌다. 암스테르담의 국립미술관에 가보면 무엇보다 다양한 그림의 주제에 놀라게 된다. 모두가 17세기 네덜란드에서 시작되었고 오직 네덜란드에서만 그려진 독특한 주제들이다.

근대 이전의 사회에서 그림은 수요가 먼저 있고, 그 후에 공급이 이어졌다. 군주나 교회, 귀족 등이 특정 주제의 그림을 화가에게 청탁하면 화가는 청탁자가 원한 그림을 그려 납품했다. 네덜란드에서는 그 반대였다. 공급이 수요보다 앞섰다. 화가가 그림을 완성해 그림 시장에 내놓으면 시민들이 그중에서 마음에 드는 그림을 사 갔다. 화가는 자연히 시민 다수가 원하는 그림을 그려야만 했다. 또 여러 주제를 번갈아 그리기보다 하나의 주제를 통달할 때까지 그려서 완성도가 높은 작품을 시장에 내놓는 편이 작품을 지속적으로 파는 데에 유리했다. 이렇게 독특한 네덜란드 시민사회의 요소들이 모두 합쳐져서 17세기 황금시대의 그림들이 등장하게 된다.

돈을 번 시민은 자신의 집을 그림으로 장식하기를 원했다. 운하에 면한 카날 하우스는 앞뒤로 길고 폭이 좁은 독특한 구조를 가지고 있다. 창과 현관의 폭이 넓을수록 세금이 더 높게 매겨졌기 때문에 이처럼 특이한 구조의 집들이 탄생했다. 암스테르담을 비롯해서 델프트나 로테르담, 헤이그 등 네덜란드 도시들의 오래된 집을 자세히 들여다보면 이미 만들어진 창을 널빤지나 벽돌로 막아 벽으로 개조한 흔적을 어렵지 않게 찾을 수 있다. 창마다 부과되는 세금을 조금이나마 줄여보려는 집주인의 의도였을 것이다. 네덜란드 시민들은 이 좁고 어두컴컴한 집 안을 그림과 가구, 도자기 등으로 꾸몄다. 주택 안뿐만 아니라 조합 사무실이나 시청 같은 공공기관에도, 심지어 고아원이나 감옥에도 그림이 걸렸다. 제법 이름이 알려진 화가는 후원자를 통해서 그림을 판매할 수 있었으나 대다수의 화가는 일단 그림을 완성한 후, 조합이나 개인적인 방법으로 판매자를 찾아야 했다. '아트 마켓'이 17세기 네덜란드에 이미 존재하고 있었던 셈이다.

17세기 네덜란드 화가의 장르는 대강 다섯 가지 정도로 나뉜다. 일단 유럽 화가들이 가장 고상한 장르로 취급한 역사화가 있었다. 역사화는 역사적 장면 외에도 종교화, 신화 속 장면 등을 모두 포괄하는 장르다. 초창기의 페르메이르도 잠시 역사화에 관심을 기울인 적이 있었다. 그의 작품 35점 중 초기의 두 점이 역사화에 해당한다. 두 번째는 서민의 일상적인 모습을 그린 풍속화로 페르메이르 외에 피터르 더 호흐, 하브릴 메추, 얀 스테인, 헤라르트 테르 보르흐 등이 풍속화를 그렸다. 세 번째는 초상화로 프란스 할스와 렘브란트 판 레인이 단연 이 장르의 대가였다. 네 번째는 정물화, 다섯 번째는 풍경화였다. 그러나 이런 구분은 말 그대로 대강의 구분일 뿐이다. 17세기 네덜란드 화가의 장르는 놀라울 정도로 세분화되어 있었다. 정물화 전문 화가라고 해도 모든 정물을 그리는 게 아니었다. 꽃병 정물, 식탁 정물, 바니타스 정물, 동물을 그린 정물 등 주제가 나뉘어져 있어서 화가는 자신이 선택한 특정 주제만 그렸다.

네덜란드 국립미술관, 헤이그 마우리츠하위스 미술관 등 네덜란드 황금시대의 작품들을 소장한 미술관에 가보면 집단초상화를 제외한 대부분의 그림이 크지 않다는 사실을 금세 알 수 있다. 집단초상화는 조합의 사무실이나 시의회, 대학 강의실 등에 걸리기 때문에 큰 사이즈로 제작할 수 있었지만 그 외의 작품들은 대부분 시민의 집 벽에 걸렸던 그림이다. 시민이 사는 좁고 소박한 카날 하우스에는 큰 그림을 걸 만한 공간이 없었다.

화가의 수 자체가 많았기 때문에 아무리 장르를 세분한다 해도 그 장르에 주력하는 화가가 적지 않았다. 화가는 같은 장르를 택한 대부분의 동료를 알고 있었고, 때로 서로의 그림을 참고해가며 더 나은 그림을 그리기 위해 경쟁했다. 구매자가 원하는 그림은 크기가 적당하면서 아름다운, 그리고 대상을 사실적으로 그린 작품이었다. 네덜란드의 미술사학자인 헤르딘 뷔에스트만Gerdien Wuestman은 국립미술관에 소장된 식탁 정물화 중 플로리스 판 데이크Floris van Dijck의 〈치즈가 있는 정물〉과 피터르 클라스Pieter Claesz의 〈칠면조 파이가 있는 정물〉을 유심히 비교해보라고 권한다. 동일한 주제를 그린 엇비슷한 그림 같지만 12년이라는 시간 차이가 있는 두 그림의 완성도는 확연히 다르다. 데이크의 그림은 은쟁반에 비친 사과, 치즈 등의 사실성을 재현하는 데만 주력하고 있다. 그로부터 12년 후에 그려진 클라스의 정물은 식탁의 구성이 더욱 치밀하고 은주전자, 구겨진 식탁보, 투명한 물잔 등의 묘사도 뛰어나다. 무엇보다 클라스의 그림은 껍질을 반쯤 벗긴 레몬, 재생지에 싼 소금 등을 그림 전면에 배치해서 정물화가 단순히 사물을 실제와 똑같이 묘사하는 데만 주력하는 그림이 아니며 그보다 더욱 깊은 뜻이 있음을 암시

1. 플로리스 판 데이크, 〈치즈가 있는 정물〉

목판에 유채, 81.2×111.2cm, 1615, 네덜란드 국립미술관, 암스테르담

2. 피터르 클라스, 〈칠면조 파이가 있는 정물〉

목판에 유채, 75×132cm, 1627, 네덜란드 국립미술관, 암스테르담

대략 10년 정도의 시간 차가 있는 두 그림에서 정물을 그리는 화가의 솜씨와 구성이 확연히 발전했다는 사실을 확인할 수 있다. 플로리스 판 데이크의 정물화가 눈앞의 대상을 실제와 최대한 비슷하게 모방하는 것을 목적으로 하고 있다면 피터르 클라스의 정물화는 대상을 현실적으로 그리되 그림 안에 작가의 메시지를 세련되게 담는 수준에 이르렀다.

하고 있다. 레몬은 그 모양은 예쁘지만 막상 먹기에는 너무나 신 과일이다. 정물화에 등장하는 레몬은 인생의 쓴맛을 의미한다. 그리고 이처럼 풍성한 식탁을 차린, 경제적으로 남부럽지 않게 사는 집의 안주인은 한 번 사용했던 종이에 소금을 담아 내놓았다. 아무리 재산이 많다 해도 허투루 돈을 쓰는 법이 없는 깐깐한 상인 내외의 모습이 그림에서 보이는 듯하다. 이런 방식으로 정물화 전문 화가는 정물화가 인생의 깊은 진리를 전달하는 그림이라는 뜻을 구매자에게 전달했다. 정물화는 예쁘고 사실적인 동시에 교훈도 주는 그림으로 알려지면서 시장의 선택을 받을 수 있었다.

사실적 묘사 뒤에 숨어 있는 의미와 상징

식탁 정물화처럼 네덜란드 황금시대의 그림들은 자연을 묘사하는 데 뛰어난 능력을 보여준다. 튤립을 비롯한 꽃으로 장식된 꽃병 정물화, 새와 토끼, 소를 그린 동물 정물화는 오늘날의 동식물 도감에 그대로 사용해도 될 정도로 높은 사실성을 자랑한다. 칼뱅파의 엄격한 교리를 지키며 살아가던 시민들은 그림에서도 거짓된 묘사를 허용하지 않았다. 그러나 이 사실적인 묘사에 전혀 빈틈이 없는 것은 아니었다. 예를 들면 꽃을 그린 정물화에서 꽃병에 꽂힌 꽃들은 한 계절이 아니라 다양한 계절에 피는 꽃들을 망라하는 경우가 많았다. 말하자면 이 꽃병 정물화는 현실에서는 결코 이루어질 수 없는 장면을 담은 셈이다. 이런 식의 암시, 사실적인 묘사 뒤에 숨어 있는 교훈, 실제 같지만 실은 현실이 아닌 장면, 역설적인 방법으로 가르침을 주는 그림 등 네덜란드 황금시대 회화들은 엄격해 보이는 외관 속에 점점 더 많은 이야기를 품게 된다. 이 이야기를 들을 수 있게 되면 네덜란드 회화를 보는 재미는 더욱 커진다.

얀 스테인의 〈세인트니콜라스 축일〉은 네덜란드의 전통적인 관습과 그 속에서 아이들을 가르치는 부모의 엄격함을 유쾌하게 묘사해낸 걸작이다. 세인트니콜라스 축일은 크리스마스나 마찬가지로 아이들이 선물을 받는 날인데 네덜란드 전설에 따르면 니콜라스 성인은 착한 아이의 나막신에는 선물을, 나쁜 아이의 나막신에는 숯을 넣어두고 사라진다고 한다. 스테인의 그림은 떠들썩한 축일 아침의 정경을 묘사하고 있다. 선물로 받은 인형을 안고 기뻐하는 여자아이의 웃음이 조금 얄궂다. 아이는 자신을 늘 괴롭히던 오빠의 나막신에 숯 덩어리가 들어 있는 광경을 막 확인한 참이다. 왼편에서 엉엉 울고 있는 제법 큰 소년이 바로 문제의 오빠다. 오른편의 남자아이 역시 형에게 일어난 불운을 마음껏 비웃어주고 있다. 오른편에 앉아 있는 할머니가 큰손자에게 손을 내밀며 무언가를 말하는 걸 보면, 아마도 할머니가 손자에게 줄 선물을 따로 준비해둔 듯싶다. 소년은 니콜라스 성인에게 따끔한 벌을 받았으니 이제 더 이상 나쁜 행동을 하지 않을 것이다. 스테인의 그림은 단순히 유쾌한 장면을 보여주는 데 그치지 않고 일상적인, 그러나 중요한 교훈까지도 함께 보는 이에게 전달한다.

사람이 아니라 동물을 통해 나쁜 짓에는 반드시 대가가 따르게 마련이라는 이야기를 전하는 그림도 있다. 아브라함 미뇽Abraham

Mignon의 〈뒤집힌 꽃다발〉은 흐드러지게 핀 꽃을 그려놓은 그림이지만 여기에 초대받지 않은 손님도 하나 그려져 있다. 그림의 왼편에서 꽃을 노리고 살금살금 다가온 고양이 한 마리다. 불운하게도 이 고양이는 꽃다발 옆에 있는 쥐덫을 미처 발견하지 못했다. 쥐덫에 걸린 고양이가 소스라치게 놀라며 지르는 비명이 보는 이의 귀에 들리는 것 같다.

화가들은 그림을 통해 실로 다양한 상상과 기상천외한 암시, 그리고 등골을 서늘하게 하는 인생의 진리까지도 전달하고 있다. 해골 그림으로 유명한 '바니타스Vanitas('공허하다'라는 뜻의 라틴어 바누스 Vanus에서 유래한 단어) 정물' 역시 네덜란드 황금시대에 탄생한 정물화의 한 장르다. 『구약성서』「전도서」1장 2절의 "헛되고 헛되다. 세상만사 헛되다"라는 구절에서 유래한 바니타스 정물화는 테이블 위에 소라 껍데기, 불이 막 꺼진 램프 등과 함께 해골을 올려놓아 보는 이에게 인생의 헛됨과 무상함을 일깨우는 그림이다. 보통 해골과 함께 권력과 힘을 상징하는 칼, 관능과 즐거움의 표상인 악기, 지식을 의미하는 책, 시간의 유한함을 상징하는 모래시계 등이 함께 그려진다. 이런 그림을 보며 네덜란드 사람들은 우리에게 주어진

얀 스테인, 〈세인트니콜라스 축일〉

캔버스에 유채, 82×70.5cm, 1665~1668, 네덜란드 국립미술관, 암스테르담
세인트니콜라스 축일을 맞은 아이들의 엇갈린 반응이 관람객을 웃게 만든다. 앞쪽의 여자아이는 선물을 받고 기뻐하는 데 비해 왼쪽의 소년은 나쁜 아이를 의미하는 숯을 받은 듯 울고 있다. 일견 유쾌한 장면으로 보이지만 '선행의 중요성'이라는 엄격한 가르침이 숨어 있는 작품이기도 하다.

하르먼 스테인바이크, 〈바니타스 정물화〉

목판에 유채, 37.7×38.2cm, 1640, 라켄할 시립박물관, 레이던

델프트 출신의 하르먼 스테인바이크는 네덜란드 황금시대에 정물화 전문 화가로 활동했다. 그의 대표작 〈바니타스 정물화〉는 테이블 위에 해골, 칼, 소라 껍데기, 꺼진 촛불, 엎어진 잔, 담뱃대 등을 늘어놓아 인생의 허무함과 신앙을 통한 구원을 간접적으로 보여준다.

시간이 결코 영원히 지속되지 않으며, 인생에서 진정 추구해야 하는 바는 성공이나 쾌락, 지식이 아니라 겸손하게 신앙을 갈구하는 자세라는 점을 새삼 확인했을 것이다.

네덜란드 황금시대 그림의 밑바닥에는 근면함과 신실함을 강조하고 게으름이나 사치, 허세를 용서하지 않는 시민사회의 가치관이 자리하고 있다. 이 가치관은 공화국이 붕괴되고 네덜란드가 입헌군주국으로 변모한 지금까지도 네덜란드 사람들의 의식 속에 남아 있는 듯싶다. 차가운 날씨를 아랑곳하지 않고 자전거를 탄 채 달려가는 사람들의 모습에서 우리는 400여 년 이상을 이어온 성실하고 자주적이며 책임감이 강한 네덜란드인들의 전통을 본다. 그것은 신이 아니라 인간이 창조한 땅에서 살아온 사람들의 역사, 실용적이고도 엄격한 시민사회가 낳은 네덜란드의 자랑스러운 유산이다.

황금시대의 해프닝, 17세기의 튤립 파동

매년 3~5월, 네덜란드 전역은 '튤립 축제' 열기에 휩싸인다. 튤립 축제를 찾은 이들은 다양한 튤립의 색깔과 모양에 놀란다. 빨강, 흰색, 노랑은 물론 보라, 분홍, 자주 등 두세 가지 이상의 색이 섞인 튤립도 있다. 튤립 축제의 다양한 꽃은 네덜란드의 오랜 원예 산업사를 보여주는데, 그중 17세기 초 '튤립 파동'은 아주 흥미로운 사건이다.

튤립은 네덜란드의 상징 같은 꽃이지만 원산지는 파미르고원이다. 16세기 중반, 튀르크인은 야생화였던 튤립 재배를 시작했다. 네덜란드 등 서유럽에서는 1590년대부터 본격적으로 재배되었다. 그러나 네덜란드인들은 튤립을 단순히 외지에서 온 귀한 꽃 취급하는 데 그치지 않고 꽃의 가치를 높이는 연구를 시작했다.

튤립은 구근에서 자라 큰 송이로 피는 꽃으로 빨강, 노랑, 흰색 등 선명한 색을 띤다. 네덜란드인들은 다양한 색을 가진 튤립 구근을 만들어냈다. 새로운 색 조합을 가진 튤립 구근이 더 높은 가격에 팔렸기 때문에 원예사들은 열정적으로 신품종 개발에 매달렸다. 네덜란드 도시들은 봄마다 꽃 축제를 열어 신품종을 선보였다.

부자가 나날이 늘어나던 17세기 네덜란드에서 튤립은 새로운 유행 품목이 되었다. 부자들은 새집을 지으면 정원에 값비싼 식물을 심어 부를 과시했다. 이때 여러 화려한 색의 신품종 튤립처럼 훌륭한 자랑거리는 없었다. 튤립 구근 거래 한 번으로 임금의 수십 배를 버는 경우가 많아지면서 어느새 튤립은 최고의 투기와 도박의 대상이 되어버렸다.

튤립 신품종 열기는 1636년 12월부터 이듬해 1월 사이에 절정에 달했다. 1637년 2월 5일, 알크마르에서 열린 경매에서 튤립 구근 하나가 최고 2000휠던에 팔렸다. 이날 경매의 총 거래액은 9만 휠던이 넘었다. 최고 품종인 셈페르 아우구스투스의 구근 가격은 개당 1만 휠던까지 올라갔다. 1만 휠던은 암스테르담의 최고급 저택 가격과 맞먹는 금액이었다. 의자 하나가 1휠던, 침대가 10~15휠던, 황소 한 마리가 120휠던, 부유한 상인의 1년 수입이 3000휠던이었던 시절이다. 당시 물가와 비교하면 튤립 구근 가격은 분명 비정상적이었다.

그러나 투기 열풍은 오래가지 못했다. 1637년 2월 첫 주부터 튤립 구근 가격이 폭락하기 시작했다. 공포에 사로잡힌 꽃장수들은 사놓은 구근을 헐값에 팔아치웠다. 이해 1월 1000휠던에 팔렸던 구근은 같은 해 5월 6휠던까지 떨어졌다. 많은 사람들이 투자 금액의 5퍼센트만을 건지고 파산했다. 대공황에 필적할 만한 시장의 몰락이었다.

　정신을 차린 네덜란드인들은 튤립 열풍에 뛰어들었던 투기꾼들을 거세게 비난했다. 네덜란드인들은 성실하게 일하고 검소하게 사는 모습으로 돌아갔다. 그러나 튤립 파동 속에서 다양한 품종의 튤립이 개발되어 유럽 각지로 수출되었다. 현재도 네덜란드는 국제 원예 산업에서 단연 선두를 달린다. 튤립 파동은 네덜란드가 근대 자본주의로 들어서던 시점에 맞닥뜨린 해프닝인 동시에, 탐욕과 투기를 경계하는 역사적 교훈으로 네덜란드인들에게 기억되고 있다.

흰 바탕에 붉은 줄무늬가 있는 '셈페르 아우구스투스'가 그려진 한스 볼롱히르의 〈꽃이 있는 정물〉

빛과 바람은
그대로 있었다

델프트

페르메이르의 흔적들

페르메이르의 고향 델프트는 암스테르담에서 그리 멀지 않다. 암스테르담 중앙역에서 기차를 탄 지 얼마 되지도 않았는데 어느새 기차는 델프트역으로 소리 없이 미끄러져 들어가고 있었다. 델프트는 페르메이르의 대표작인 〈진주 귀고리 소녀〉가 있는 헤이그와 이웃한 도시다. 델프트 기차역에서 트램을 타면 헤이그 중심가에 있는 마우리츠하위스Mauritshuis 미술관까지 30분 안에 간다.

페르메이르의 그림과 델프트의 기념관을 함께 보고 싶은 여행자는 암스테르담을 출발해서 우선 헤이그까지 기차로 가고, 헤이그의 마우리츠하위스 미술관을 방문한 뒤에 미술관 근처에서 델프트역으로 향하는 트램을 타면 된다. 물론 반대로 해도 되지만 이왕이면 마우리츠하위스 미술관이 소장한 〈진주 귀고리 소녀〉와 〈델프트 풍경〉을 본 후에 델프트로 향하는 게 낫지 않을까 싶다. 델프트 기차역에서 구시가의 페르메이르 기념관까지는 걸어서 15분 정도 걸린다. 델프트에서 페르메이르의 흔적이 남아 있는 장소는 페르메이르 기념관, 가톨릭 구교회에 있는 페르메이르 일가의 무덤, 그리고 〈골목길〉을 그린 운하 등인데 이 장소들은 페르메이르 기념관에서 걸어서 5분 남짓의 거리에 있다. 오후에 델프트 기차역에 도착해도 이 모두를 둘러볼 시간이 넉넉하다. 아침 일찍 서두르면 암스테르담 – 헤이그 – 델프트 – 암스테르담 코스를 하루에 다 가볼 수 있다. 네덜란드는 그만큼 작은 나라다.

암스테르담에서 헤이그와 델프트를 오갈 때 우선 헤이그로 먼저 가면 좋은 이유가 또 하나 있다. 마우리츠하위스 미술관은 〈진주 귀고리 소녀〉를 보기 위한 방문객들로 사시사철 번잡하다. 반면 델프트는 이 위대한 화가의 일생을 품은 도시임에도 불구하고 늘 한적하다. 그나마 델프트를 찾는 대부분의 관광객들은 17세기부터 이곳에서 생산된 유서 깊은 델프트 자기Delftware 센터를 방문하기 위해 온다. 그러니 기왕 마우리츠하위스 미술관을 방문하려면 상대적으로 관람객의 수가 적은 오전에 가는 게 낫다.

문제는 이런 실용적 정보들은 몸으로 시행착오를 거치고 난 후에야 깨달을 수 있다는 점이다. 사실 나는 델프트와 헤이그 사이가 그

델프트 구시가의 모습

델프트 구시가에서는 어디서나 운하를 맞닥뜨리게 된다. 운하 양쪽으로 소박한 집들이 늘어서 있고 그 앞으로 소형차와 자전거가 가지런히 주차되어 있었다. 델프트 구시가의 고요하고 차분한 분위기는 페르메이르의 풍경화에서도 잘 드러난다. 그런 면에서 페르메이르는 단순히 델프트의 겉모습만 그려낸 것이 아니라 도시의 공기마저 화폭에 담은 화가라고 할 수 있다.

토록 가까운 줄도 모른 채로 아침 8시 30분쯤 델프트로 가는 기차를 탔다. 1시간 정도 후 도착한 델프트 기차역은 델프트 하면 떠오르는 고답적인 인상과 달리 유선형의 세련된 새 건물이었다. 역 안 관광안내소에서 페르메이르 기념관의 위치를 물으니 담당자는 작은 시내 지도를 꺼내 역과 구시가에 있는 페르메이르 기념관 사이의 길에 줄을 죽 그어가며 "이 길을 따라 걸어가면 된다. 버스도 있지만 멀지 않으니 걸어가는 게 차라리 낫다"라고 알려주었다.

5월 중순인데도 델프트는 추웠고 비까지 오고 있었다. 얼음장처럼 싸늘한 바람이 기차역 안으로 사정없이 휘몰아쳐 들어왔다. 6년 전, 6월에 암스테르담에 왔을 때 장갑을 낀 채로 덜덜 떨며 다녔던 기억이 있는데 이번에도 역시 추위를 피할 순 없었다. 역사의 작은 커피숍에서 오들오들 떨며 커피를 마시다 빗줄기가 조금 가늘어지는 듯해 목도리를 단단히 여미며 길을 나섰다. 역사를 나와 비로 생긴 물웅덩이를 껑충껑충 건너뛰며 다리를 두어 개 건넜더니 이내 아담한 구시가가 펼쳐졌다. 한국 유학생들이 수력공학을 배우러 많이 온다는 델프트공과대학교 건물도 보였다. 걸어가는 동안 비가 그치고 날씨가 개었다. 맑고 투명한 하늘이 방긋 모습을 드러내며 축복처럼 환한 햇살이 쏟아지기 시작했다. 삽시간에 맑아진 날씨를 보니 좋은 일이 일어날 듯한 기대감이 살풋 들었다.

델프트의 구시가는 동화 속처럼 아름다웠다. 좁은 운하가 구불거리며 구시가를 감싸고 있었다. 운하에 푸른 하늘과 흰 구름이 비쳐서 그 자체가 하나의 예술 작품처럼 보였다. 동그란 아치형의 다리를 건너고 또 건너다 보니 어느새 구시가의 한복판에 있는 마르크트 광장이 나왔다. 이 광장에 면한 골목길에 페르메이르 기념관이 있다. 여행지에서 길을 찾는 데는 영 젬병인 내가 한 번도 헤매지 않고 바로 닿을 정도로 델프트는 작은 도시, 아니, 마을에 가까웠다. 저 투명한 물빛과 하늘빛을 화가도 보았겠구나 하는 생각이 새삼 마음속에서 적요한 파문을 일으켰다.

델프트 구시가의 중심인 마르크트 광장은 두 개의 큰 건물인 시청과 신교회 사이에 있는 직사각형 모양의 광장이다. 이 광장을 중심으로 세 개의 교회가 있다. 시청을 등 뒤로 하고 섰을 때 정면으로 보이는 제일 큰 교회 건물이 칼뱅파에 소속된 신교회다. 2시 방향으로 멀리 지붕이 보이는 마리아 판 예서 교회와 광장의 왼편, 8시 방향으로 난 길로 들어가면 보이는 구교회는 가톨릭 성당이다. 이 중 구교회에 페르메이르의 무덤이 있다.

마르크트 광장에서 신교회로 향하다 왼편으로 난 골목으로 들어가면 바로 페르메이르 기념관을 만나게 된다. 화가의 생가는 이미 무너졌지만 생가 터의 왼편에 있는 2층 건물이 페르메이르 기념관으로 운영되고 있다. 페르메이르는 이 생가에서 살다 결혼한 후에 처가가 있는 마리아 판 예서 교회 근처로 이사했다. 화가의 길지 않은 일생은 거의 이 마르크트 광장 주변에서 이루어졌던 셈이다.

막연한 좋은 예감은 틀리지 않았다. 페르메이르 기념관을 찾아간 날은 일요일이었는데 일요일만 기념관의 자원봉사자가 방문객들에게 일종의 '페르메이르 투어'를 해주고 있었다. 에벨리너 오라녀라는 이름의 상냥한 중년 여성이 나를 포함해 네 명의 방문객을 대상으로 50여 분간 페르메이르 기념관과 그의 생애, 작품들에 대한

델프트 페르메이르 기념관

델프트 성 루가 길드 건물이 페르메이르 기념관으로 탈바꿈했다. 그러나 이 건물은 페르메이르 사후에 지어진 건물이다. 기념관 바로 오른편의 건물이 페르메이르의 생가였던 '더 플리헨더 포스' 터로 추정된다. 건물은 모두 바뀌었으나 이 근방에서 페르메이르가 태어나고 자란 것만은 확실하다.

설명을 들려주었다. 나를 제외한 세 명은 노르웨이에서 함께 온 일행들이었다. 네덜란드 사람들과 이야기할 때마다 그들의 유창하고 정확한 영어 실력에 감탄하곤 하는데 에벨리너의 영어 역시 막힘이 없었다.

나중에야 깨달았지만 에벨리너에게 들은 이야기는 그 후 보았던 여러 페르메이르 전문 서적에서도 찾을 수 없는 중요한 정보의 보고였다. 예를 들면 현재의 페르메이르 기념관은 한때 델프트의 화가 조합인 성 루가 길드의 사무실로 쓰였던 건물이었다. 기념관 앞으로는 작은 운하가 흘러가고 그 운하의 건너편, 생가에서 바라보았을 때 오른쪽에 있는 건물 2층에 "얀 페르메이르가 1632년 이 자리에 있던 건물에서 태어났다"라고 쓰인 대리석 명판이 붙어 있다. 에벨리너는 그 명판을 가리키며 "저기에서 틀린 정보를 한 가지 찾아보라"라고 했다. 노르웨이 관광객들 중 한 명이 고개를 갸우뚱거리며 말했다. "페르메이르의 이름은 '요하네스' 아닌가요?" 생가 터의 명판은 1950년대에 만들어졌다. "말하자면 1950년대까지 페르메이르의 이름이 '요하네스'인지, '얀'인지조차 헛갈리고 있었다는 이야기지요"라고 에벨리너는 설명했다. 페르메이르는 그의 고향에서도 오랫동안 베일에 가려졌던 화가였다.

델프트의 스핑크스

페르메이르의 완성작 35점을 제외하면 그의 스케치나 다른 기록들은 전혀 남아 있지 않다. 공식 기록도 출생과 결혼, 성 루가 길드 가입일, 사망일 정도뿐이다. 페르메이르 연구자들은 당대 델프트의 모든 기록들, 예를 들면 편지나 경매, 재판 기록 등을 뒤져가며 아주 천천히 페르메이르의 단편을 찾아냈다. 그리고 이 기록의 단편들을 이어서 깨진 도자기를 맞추듯 페르메이르의 일생을 조립해나갔다. 의외로 이 방법을 통해 밝혀진 사실이 제법 된다. 물론 이 단편적인 기록의 조립에는 여전히 중요한 부분들이 많이 빠져 있다.

예를 들면 페르메이르는 스물한 살이던 1653년 12월 29일 델프트의 성 루가 길드에 가입했다. 이 화가 길드에 가입하기 위해서는 최소 4년, 보통 6년 동안 기성 화가의 도제로 일한 경력이 있어야만 했다. 그렇다면 페르메이르도 열다섯이나 열여섯 살 정도부터 누군가의 도제로 일하며 그에게 그림을 배웠을 것이다. 그러나 페르메이르의 스승이 누구인지는 알 수 없다. 연구자들은 페르메이르처럼 중산층 처녀들의 모습을 주로 그린 헤라르트 테르 보르흐, 페르메이르의 초기작과 엇비슷한 경향의 화가 야코프 판 로Jacob van Loo, 페르메이르의 결혼식 때 증인으로 참석했던 레오나르트 브라메르Leonard Bramer, 1650년대 초반에 델프트로 이주한 〈황금방울새〉의 화가 카럴 파브리티위스Carel Fabritius, 위트레흐트에서 활동하던 아브라함 블루마르트Abraham Bloemaert 등을 후보로 꼽고 있으나 정확한 사실은 알 길이 없다. 심지어 페르메이르가 자신보다 26년 연상이며 암스테르담에서 초상화가로 이름을 떨치고 있었던 렘브란트에게 도제 수업을 받기 위해 암스테르담에 갔을 것이라고 주장하는 연구자도 있으나 두 화가 사이의 경향이 너무도 판이하기 때문에 이 가능성은 희박하다. 최초로 페르메이르를 연구해 세상에 알린 19세기 프랑스 미술사학자 토레뷔르거Thoré-Bürger의 말처럼 이래저래 페르메이르는 너무나 수수께끼가 많은 "델프트의 스핑크스" 같은 존재다.

확실한 점은 페르메이르가 만년을 제외하고는 그리 쪼들리거나 가난한 생활을 하지는 않았다는 점이다. 이것은 어떤 구체적 기록보다 그의 그림을 통해 유추해낼 수 있는 점이다. 페르메이르의 그림 중 많은 수가 왼편에 창이 있는 방 안의 장면을 묘사하고 있는데 아마도 이 방은 그의 집 안에 있었던 스튜디오였을 것이다. 그의 그림에는 류트, 하프시코드, 비올라 다 감바 등의 악기와 흰 모피가 덧대어진 노란 웃옷, 정교한 짜임새가 돋보이는 카펫, 진주 목걸이 등이 반복해서 등장한다. 이 모든 것은 페르메이르의 집 안에 있는 물건이었을 공산이 크다. 악기와 섬세하게 직조된 카펫이 있고 진주 목걸이 같은 장신구를 가지고 있는 집이었다면 경제적으로 어려운 가계는 아니었을 것이다.

다만 그가 불우한 만년을 보냈다는 점은 사실인데 여기에는 여러 가지 이유가 있다. 페르메이르는 그림 한 장을 그리는 데에 지나치게 많은 시간과 비싼 재료를 쓰는 스타일이어서 큰돈을 벌기 어려웠다. 설상가상으로 페르메이르와 카타리나 부부는 열다섯 명이나 되는 아이를 낳았고 그중 열한 명이 생존했으므로 아이들을 키우는 데 적잖은 돈이 필요했다. 1672년, 프랑스와 네덜란드 사이에 전쟁이 일어나며 네덜란드 사람들은 씀씀이를 대폭 줄여야 했다. 1675년 페르메이르가 43세로 사망한 후 그의 아내 카타리나는 파산 절차를 밟았고 이 와중에 페르메이르의 모든 그림을 내다 팔아야 했다.

페르메이르의 아버지 라이니르 얀스 포스Raynier Jansz Vos(Vosch)는 직물 장인이자 그림을 거래하는 화상으로 그 자신이 델프트 성 루가 길드 회원이었다. 델프트의 성 루가 길드는 화가뿐만 아니라 직물 장인, 스테인드글라스 장인, 도자기 장인, 조각가, 그림 중개상 등 예술에 관련된 일을 하는 전문가들은 대부분 가입할 수 있었다. 포스는 암스테르담에서 실크 직물 장인의 도제로 일하던 1611년에 미래의 아내가 될 디그나 볼턴스Digna Boltens를 만났다. 두 사람은 1615년에 결혼했고 그 직후에 암스테르담에서 델프트로 이사해 새로운 삶의 터전을 잡았다. 당시의 델프트는 중국 자기와 엇비슷하게 만든, 흰 바탕에 푸른 안료로 그림을 그려 구운 '델프트 자기'의 생산지로 유명했으며 각종 직물 생산도 활발히 이루어지던 도시였다. 1630년 당시 델프트의 인구는 2만 명 남짓이었다. 현재의 인구는 10만 명을 약간 넘는다.

포스는 델프트의 마르크트 광장에 '더 플리헨더 포스De Vliegende Vos'('나는 여우'라는 뜻의 네덜란드어로, 자신의 성을 따서 이름을 지은 셈이다)라는 선술집 겸 그림 거래 화상을 운영했다. 동시에 그는 직물 장인이기도 했는데 아버지의 직업과 연관 지어보면 페르메이르의 그림 중 여러 작품에 정교한 무늬가 있는 카펫이 등장한 점이 이해가 간다. 훗날 페르메이르는 화가로 활동하면서 아버지의 직업 중 하나인 그림 거래상 일도 함께 했다. 페르메이르는 포스 부부의 둘째이자 첫 사내아이로 1632년 10월에 태어났다. 부부가 결혼한 지 무려 17년 만에, 그리고 첫딸인 헤르튀리Gertury를 얻은 지 12년 만에 낳은 아들이었다. 부부는 10월 31일에 마르크트 광장의 신교회로 아기를 데려가 세례를 받았다. 페르메이르의 출생은 이 세례식 날로부터 한두 주 전쯤이었을 것이다.

부부는 아이에게 조부의 이름 '얀Jan'을 라틴어식으로 바꾼 '요하네스Johannes'라는 이름을 붙여주었다. 라틴어로 된 이름은 당시에는 주로 상류층이나 가톨릭 신자가 쓰던 이름이었고 페르메이르의 집안은 중류층 수공업자 가정이었다. 그의 부모는 어렵게 얻은 아들의 출세를 은연중에 바라고 있었는지도 모른다. 페르메이르가 여덟 살이던 1640년에 포스는 자신의 성을 페르메이르Vermeer로 바꾸었다. 페르메이르는 당시 네덜란드에서 흔한 성으로, 메이르Meer는 '호수'라는 뜻의 네덜란드어다. 따라서 페르메이르는 '호수에서'라는 뜻이 된다. 성을 바꾼 1640년에 포스는 더 플리헌더 포스를 팔고 또 다른 여인숙 '메헬런'을 사들여 운영했지만 장사는 잘 되지 않았다. 1652년 아버지 라이니르가, 이어 1670년에는 어머니 디그나가 사망해서 이 여인숙은 페르메이르에게 남겨졌다. 하지만 유산이라는 말은 허울뿐이었고 페르메이르는 부모가 채 갚지 못한 빚을 물려받은 셈이었다.

더 플리헌더 포스와 메헬런은 모두 현재의 페르메이르 기념관, 과거 성 루가 길드 건물 가까이에 있었다. 더 플리헌더 포스는 현재의 페르메이르 기념관 바로 옆 건물이었다. 기념관을 나서 운하를 건너면 만나는 건물, 1층에 기념품 가게가 있는 2층 건물이 과거의 메헬런 자리다. 이 모든 정황을 정리해보면 페르메이르는 메헬런이 아니라 더 플리헌더 포스에서 태어났을 것이다. 그런데 화가 이름을 '얀 페르메이르'라고 쓴 페르메이르 생가 명판은 더 플리헌더

페르메이르 생가 터에 붙어 있는 명판

페르메이르 기념관 앞의 작은 운하를 건너면 보이는 건물에 "페르메이르의 생가 '메헬런'이 있던 자리"라는 명판이 붙어 있다. 그러나 이 자리는 페르메이르의 생가가 아니다. 페르메이르는 1632년 10월, 지금의 페르메이르 기념관 바로 오른편에 있던 여인숙 더 플리헨더 포스에서 태어났다. 전문가들이 짐작하는 더 플리헨더 포스의 위치는 폴데르스흐라흐트Voldersgracht 거리 25번지나 26번지다. 명패에 화가 이름이 '요하네스'가 아니라 '얀'으로 잘못 표기된 점도 눈에 띈다.

포스 터가 아니라 메헬런이 있던 건물 2층에 붙어 있다. 페르메이르 생가 명판은 화가의 이름도 올바로 기입하지 못했고, 위치도 정확하다고 할 수 없는 곳에 있는 셈이다.

조용한, 혹은 수수께끼 같은 일생

1653년 4월 5일 페르메이르는 델프트 남부의 작은 마을 스히플라위던에서 자신보다 한 살 많은 카타리나 볼너스와 결혼한다. 볼너스 일가는 가톨릭 신자였고 아내의 종교를 따라 페르메이르 본인도 칼뱅파 개신교에서 가톨릭으로 개종했다. 이 개종으로 인해 페르메이르가 어떤 불이익을 받지는 않았던 것으로 보인다. 그는 델프트의 성 루가 길드 대표를 두 번이나 맡았는데 가톨릭 신자에게 차별이 있었다면 길드 대표를 맡지는 못했을 것이다. 당시 네덜란드는 종교에 비교적 관대한 편이었다. 결혼식의 증인을 선 화가 레오나르트 브라메르는 페르메이르의 세례식에도 증인이 되었던 인물이다. 이 때문에 브라메르가 페르메이르의 스승이었을 것으로 추측하는 이들도 있다.

4월 22일, 페르메이르는 자신이 서명한 결혼 증명서를 델프트 시청에 제출했다. 이때 증인으로 페르메이르와 함께 서명한 이는 테르 보르흐다. 그는 1617년생으로 페르메이르보다 15년 연상이고 역시 중산층의 실내 풍속화를 전문으로 그리는 화가였다. 그렇다면 페르메이르의 스승은 테르 보르흐였을지도 모른다. 이즈음 델프트

델프트의 마르크트 광장

오른편의 커다란 교회가 페르메이르가 세례를 받은 델프트 신교회다. 교회의 왼편, 주황색 지붕이 있는 건물과 파란 차양이 처진 건물 사이에 작은 골목이 보인다. 이 골목으로 들어가면

페르메이르 기념관이 나온다. 페르메이르가 결혼 후에 살았던 아우더랑엔데이크 거리는 신교
회 오른편에 있다. 이 거리에는 당시 델프트의 가톨릭 신자들이 모여 살았다.

는 델프트 자기와 직물 산업이 부흥하면서 인구가 급격하게 불어나고 있었다. 페르메이르의 절친한 동료가 된 풍속화가 피터르 더 호흐도 이즈음 델프트로 이주해 왔다.

카타리나와의 결혼은 페르메이르에게 경제적으로 적지 않은 이득을 가져다주었다. 페르메이르는 결혼한 해인 1653년에 성 루가 길드에 가입하기는 했으나 가입비 6휠던을 내지 못했다. 그의 집안도, 페르메이르 본인도 넉넉하지 않은 형편이었다. 반면, 카타리나의 어머니 마리아 틴스는 제법 재산을 가지고 있었다. 마리아 틴스는 이 결혼을 그리 달갑지 않게 생각했을 것이다. 페르메이르의 집안은 경제적으로나 사회적으로나 카타리나의 집안에 비하면 낮은 계층이었다. 페르메이르의 개종은 가톨릭 교도인 마리아 틴스에게 결혼 허락을 받기 위한 방편이었을지도 모른다.

1660년 페르메이르 부부는 아우더랑엔데이크Oude Langendijk 거리에 있는 틴스의 집 근처로 이사했다. 아니면 틴스의 집으로 페르메이르 일가가 들어가 3대가 함께 살았을 수도 있다. 이 집의 생김새와 그 안에 갖춰진 세간살이들은 페르메이르 사후 그의 재산이 경매에 넘어가는 바람에 비교적 소상한 기록으로 남았다. 이 집은 지하실과 1, 2층으로 이루어진 제법 큰 규모였다. 1층에는 거실과 식당, 방이 하나 있었고 2층에는 두 개의 방이 있었는데 그중 큰 방이 페르메이르가 그림을 그리고 다른 화가들의 그림을 중개하기도 했던 스튜디오였다. 이 집 곳곳에 있었던 네 개의 부엌과 저장고 중 하나가 〈우유를 따르는 하녀〉의 배경이었을 것이다.

만약 이 스튜디오를 우리가 실제로 볼 수 있다면, 우리는 방의 구조가 예상 외로 낯익은 데 놀랄지도 모른다. 남아 있는 페르메이르의 작품 중 절반이 넘는 열아홉 점의 그림은 왼편에 창이 있는 방을 묘사하고 있다(에벨리너는 늘 그림 왼편에 창이 있는 구성은 화가가 오른손잡이였음을 의미하기도 한다고 설명했다). 그림에 따라 다르지만 대개 왼편의 창에는 색유리가 끼워져 있고 방 안에는 놋쇠 못이 박힌 푸른 가죽 의자, 정교한 무늬가 돋보이는 원색의 카펫, 테이블, 흰 도자기 주전자 등이 있으며 뒤편 벽에는 그림이 걸려 있다. 벽에 걸린 그림은 남자의 초상화, 그리스 신화 속의 큐피드, 최후의 심판을 묘사한 종교화 등 다양하게 바뀐다. 이 방이 페르메이르의 스튜디오를 그대로, 또는 조금만 변형해서 옮겨 그린 것이라는 데 대부분의 연구자들이 의견을 같이하고 있다. 페르메이르는 화가인 동시에 그림 중개상이기도 했다. 그의 스튜디오에는 페르메이르 본인의 작품 외에 판매를 기다리는 여러 화가들의 작품도 함께 있었다. 페르메이르는 그림을 그리며 그때그때의 상황에 맞는 작품을 벽에 건 후, 자신의 그림에 아예 그 작품까지 함께 그리지 않았을까?

페르메이르 기념관의 2층에는 화가의 스튜디오를 재현한 작은 공간이 만들어져 있다. 방문객들은 왼쪽으로 나 있는 창, 색유리와 커튼, 테이블이 있는 이 '페르메이르의 스튜디오'에 앉아 사진을 찍을 수 있다. 스튜디오에 들어가 앉아보며 해묵은 궁금증을 다시금 떠올리지 않을 수 없었다. 실제로 이곳에 앉았던 여성들, 편지를 읽고 레이스를 뜨거나 와인을 마시던 여자들은 누구였을까? 페르메이르의 그림에 등장하는 모델들 중에 신원이 명확하게 밝혀진 이는 한 사람도 없다. 그들은 다만 화가의 걸작 속에서 300년의 시간을

페르메이르 기념관 2층에 꾸며진 페르메이르 스튜디오의 창

페르메이르 기념관에는 페르메이르 생전에 사용했던 스튜디오를 재현한 방이 있다. 페르메이르가 썼을 법한 여러 물건과 그림의 배경으로 등장했던 벽과 창 등도 당시 모습처럼 꾸며놓았다. 특히 〈와인글라스〉〈와인을 권하는 남자〉 등 페르메이르 그림에 등장한 창의 색유리를 재현해놓아 화가가 그림을 그리며 보았던 빛을 온몸으로 느낄 수 있다.

뛰어넘어 영원히 살고 있다.

여인의 방을 그리기 시작하다

페르메이르의 초기작인 〈뚜쟁이〉는 풍속화를 그리던 17세기 네덜란드 화가들에게는 낯설지 않은 주제였다. 창부와 그 창부를 유혹하는 남자를 그린 그림은 방종한 생활을 경계해야 한다는 의미를 가질 뿐만 아니라, 성서에 나오는 '돌아온 탕자'를 떠올리게 하는 주제이기도 했다. 그러나 페르메이르는 〈뚜쟁이〉를 마지막으로 많은 등장인물들이 나오는 주제를 더 이상 택하지 않았다. 그는 빛의 섬세하고 미묘한 사용에 집중했고 이러한 개성을 강조하기 위해 공간을 비웠으며 등장인물의 수를 최소화했다.

1657년부터 1659년 사이에 완성된 〈열린 창 앞에서 편지를 읽는 여자〉부터 우리는 페르메이르의 공간과 빛을 본격적으로 만날 수 있다. 이 그림은 페르메이르의 원숙한 작품들에 비하면 아직은 여러 부분들이 어색하다. 전체 공간의 크기에 비하면 여성의 모습이 너무 작아서 공간이 휑하니 비어 보인다. 페르메이르의 그림에 으레 등장하는 '그림 속의 그림'도 걸려 있지 않아 흰 벽이 허전한 느낌을 준다(흥미로운 사실은 이 그림을 소장하고 있는 드레스덴의 고전거장미술관이 벽에 카드를 든 큐피드 그림이 걸려 있었고, 페르메이르 사후에 누군가가 흰 칠로 이 그림을 덮어버렸다는 사실을 알아냈다는 점이다. 현재 미술관 측은 원래의 상태대로 그림을 복원하는 작업을 진행 중이다).

이 그림에서 페르메이르는 앞으로 자주 등장하게 될 개성적 장치들을 처음으로 보여준다. 여성 앞에는 열린 창이 있고 전체적으로 공간은 약간 어둡다. 젊은 여성은 편지의 내용을 더 잘 보기 위해 창 앞으로 바짝 다가서 있다. 빛이 들어와 여성의 이마와 가슴을 비추고 있다. 창밖 풍경은 우리 눈에 보이지 않는다. 페르메이르의 그림에서 '창'은 안과 밖을 이어주는 도구가 아니라 빛을 전달하는 매개체로 기능한다. 창을 통해 들어온 빛은 한결 순화되어 방 안에 안온하고도 안락한 느낌을 전달한다.

방은 원근법을 통해 입체적인 느낌을 나타내기에는 지나치게 작은 공간이다. 기본적으로 원근법은 가까이 있는 물체는 크고 선명하게, 멀리 있는 물체는 작고 흐릿하게 그리는 기법인데 멀리 놓인 가구나 사물이 작게 보일 정도로 여염집의 방이 클 리가 없다. 〈열린 창 앞에서 편지를 읽는 여자〉에서 페르메이르는 '작은 공간의 깊이감'이라는 문제를 완전히 해결하지는 못하고 있다. 그러나 〈뚜쟁이〉에 비하면 공간은 더 입체적으로 보인다. 우선 그림의 맨 앞으로 올리브색의 커튼이 드리워져 있고 그 너머로 카펫이 깔린 테이블이 있다. 테이블 위에는 과일 바구니가 놓였다. 커튼, 카펫, 과일, 여성의 차림새 모두가 이 방이 중산층의 집임을 의미한다. 그리고 여성은 테이블 너머에 서 있다. 여성의 그림자가 흰 벽에 희미하게 비치면서 여성과 벽 사이에도 약간의 공간이 있음을 암시한다. 이런 장치를 통해 화가는 방이라는 좁은 공간에 적합한 깊이를 만들어낸다.

무엇보다도 이 그림에는 페르메이르의 작품에 늘 등장하는 친밀

〈열린 창 앞에서 편지를 읽는 여자〉

캔버스에 유채, 83×64.5cm, 1659, 고전거장미술관, 드레스덴

페르메이르가 풍속화로 작품의 방향을 전향했음을 분명히 알려주는 그림이다. 그림 크기에 비해 여성의 모습이 너무 작다는 단점이 있지만 페르메이르 특유의 부드럽고 시적인 느낌이 확연히 나타난 첫 번째 그림이기도 하다. 왼쪽에 나 있는 창과 그곳을 통해 들어온 빛이 여성을 비추는 장면은 앞으로 페르메이르의 작품에 자주 등장하게 된다.

함과 고요함, 일종의 시적인 정서가 은은하게 흐르고 있다. 젊은 처녀의 방이 주는 분위기, 내밀하고도 안온한 느낌이 그림에 가득하다. 그녀는 집이라는 안락한 공간에서 보호받고 있는 듯이 보인다. 자세히 보면 편지를 읽느라 고개를 숙인 처녀의 얼굴이 유리창에 살풋 비치고 있다. 창에서 충분히 빛이 들어오게 하기 위해 처녀는 붉은 커튼을 유리창에 걸쳐놓았다. 붉은 커튼이 처녀의 얼굴을 더욱 창백하게 보이도록 만드는 듯싶다.

창밖에서는 어떤 풍경이 펼쳐지고 있을까? 발걸음 소리와 웃음소리, 마차가 지나가며 내는 바퀴의 덜그럭거리는 소음도 들리고 있을까? 그러나 이 처녀의 귀에는 어떤 소리도 들리지 않을 게 분명하다. 편지는 처녀에게 무척 중요한 사람이 보냈을 것이다. 그렇지 않다면 처녀가 이토록 편지 읽기에 열중하고, 작은 부분이라도 놓치지 않기 위해 커튼까지 걸었을 리가 없다. 우리는 유리창을 사각형으로 구획하고 있는 격자 창틀을 세밀하게 그린 화가의 솜씨에 경탄하며 그림 속으로 점점 더 빠져든다. 방 안은 처녀를 보호하는 공간인 동시에 처녀만의 사적인 공간이다. 이 방은 물론 페르메이르의 스튜디오를 그린 것이지만 동시에 시간과 공간을 초월한 어떤 영원한 순간을 포착한 것처럼 느껴지기도 한다. 시적인 정서로 충만한 부드럽고 온화한 세계, 드디어 페르메이르의 세계가 만들어지고 있었다.

공간감에 대한 연구

　앞서 말한 것처럼 페르메이르의 작품 중 현재 진품으로 확인된 그림은 대략 35점이다. 물론 화가가 일생 동안 그린 그림은 35점보다는 많았을 것이다. 연구자들은 그가 50점에서 70점 정도를 그리지 않았겠느냐고 짐작한다. 에벨리너의 말에 따르면 "그 정도밖에 그리지 못했으니 페르메이르가 점점 더 생활고에 쫓기게 된 것은 당연한 결과"였다고 한다. 17세기 네덜란드에서 전업 화가들이 그림만 그려서 생존하려면 한 해에 100점 정도는 그려야만 했는데 페르메이르는 겨우 두세 작품을 그리기에도 벅찼다는 것이다.

　다행히 장모인 마리아 틴스가 여러모로 페르메이르 일가를 도와주어서 그나마 중산층 생활이 가능했다. 페르메이르는 또 1657년경부터 후원자인 피터르 클라스 판 라위번Pieter Claesz van Ruijven에게서 그림의 선금을 받고 있었다. 델프트의 부유한 시민인 판 라위번은 페르메이르의 그림을 20점 이상 사준 든든한 후원자였다. 아이들의 수가 다른 가정들에 비해 지나치게 많기는 했지만, 또 페르메이르가 다른 화가들처럼 많은 그림을 그리지는 못했지만 그럭저럭 페르메이르 일가는 델프트에서 지낼 만한 상황이었다.

　페르메이르가 유난할 정도로 그림을 늦게 그린 데에는 여러 가지 이유가 있었다. 페르메이르는 가루 안료를 녹이는 기름으로 호두기름을 썼는데 호두기름은 비싸기도 하거니와 마르는 데 유난히 시간이 오래 걸리는 재료였다. 푸른색을 내기 위해서는 당시 가장 비싼 재료인 라피스라줄리를 사용했다. 비싸고 까다로운 재료를 골라 썼고 거기다가 그림의 구도나 효과를 계산하는 데도 많은 시간을 쓰는 스타일이었으니 자연히 하나의 작품을 완성하는 데 시간이 오래 걸릴 수밖에 없었다. 대신 남아 있는 작품들을 살펴보면 한 작품씩 완성할 때마다 확연히 발전하는 화가의 솜씨를 확인할 수 있다.

페르메이르의 작품은 공통적으로 고요하고도 온화한 분위기를 가지고 있으며 보는 이에게 어떤 이야기를 들려준다. 그 이야기의 매개로 페르메이르는 편지, 보석, 와인, 악기 등 여러 소재를 사용했다. 이 중에서 의외로 풍부한 이야깃거리를 제공하는 소재가 와인이다. 와인은 편지와 함께 페르메이르 특유의 '왼편에서 빛이 들어오는 창'의 효과를 가장 매력적으로 전해주는 소재이기도 하다. 1660년경에 완성한 〈와인글라스〉와 〈와인을 권하는 남자〉는 거의 엇비슷한 구도와 등장인물을 보여준다. 창을 정면으로 하고 앉아 있는 붉은빛 드레스의 여자, 그녀에게 와인을 권하는 남자. 테이블과 가죽 의자, 벽에 걸린 그림, 그리고 무엇보다도 반쯤 열린, 색유리가 끼워진 창이 눈길을 끈다. 이 색유리가 끼워진 아름다운 창은 〈물병을 든 여자〉와 만년의 걸작인 〈편지를 쓰는 여인과 하녀〉에도 엇비슷한 모습으로 등장한다.

'와인을 마시는 여자'와 '와인을 권하는 남자'는 〈뚜쟁이〉와 마찬가지로 네덜란드 풍속화에서 인기 있는 주제였다. 얀 스테인, 피터르 더 호흐 등 페르메이르와 동시대에 살았던 여러 화가들이 선술집에서 남자들과 함께 술을 마시는 여자, 또는 여자에게 술을 권하는 남자를 그렸다. 그러나 페르메이르의 두 그림은 같은 주제를 다루고 있지만 스테인, 호흐의 작품과는 확연히 느낌이 다르다. '무분

〈와인을 권하는 남자〉

캔버스에 유채, 77.5×66.7cm, 1659, 헤어초크 안톤울리히 미술관, 브라운슈바이크
여자에게 술을 권하는 남자와 남자의 음흉한 속셈을 알아차리지 못한 채 웃고 있는 여자. 창
가에서 졸고 있는 또 다른 남자는 잠들어버린 남자의 양심을 상징한다. 초상화 속의 아버지
는 철없는 딸에게 엄격한 시선을 던지고 있다. 창문의 색유리, 접힌 자국이 선명한 흰색 식탁
보, 여자의 주홍빛 치맛자락 등 치밀한 디테일이 돋보이는 작품이다.

별함을 경계하는' 주제라고 보기에는 그리 나쁘거나 음험한 느낌이 없는 작품들이다. 페르메이르의 그림 속에서 와인을 마시는 여성들은 오히려 우아하고 귀족적인, 상류층의 회합에 참석한 귀부인 같은 분위기마저 자아낸다.

〈와인글라스〉와 〈와인을 권하는 남자〉는 거의 동일한 구성을 취하고 있으나 〈열린 창 앞에서 편지를 읽는 여자〉와는 확연히 다르다. 그림 속의 방은 제법 넓어 보인다. 〈열린 창 앞에서 편지를 읽는 여자〉에서 페르메이르는 방의 바닥을 그리지 않았다. 반면, 두 그림에는 모두 방의 바닥이 그려져 있고 이 바닥은 체크무늬의 타일이나 카펫으로 채워져 있다. 뒤편으로 갈수록 균일하게 작아지는 이 타일들은 페르메이르 그림의 공간을 넓어 보이게 만드는 일등공신들이다. 체크무늬의 수평과 수직을 똑바로 맞추기 위해 페르메이르는 그림의 정가운데에 핀을 꽂고 그 핀에 실을 매달아 팽팽히 당기면서 체크무늬의 선을 스케치했다. 페르메이르의 그림들 중에는 캔버스 가운데에 핀을 꽂은 구멍이 아직 남아 있는 작품들이 있다.

이 '체크무늬 바닥 기법'은 페르메이르와 같은 시대에 델프트에서 활동했던 피터르 더 호흐의 그림에 먼저 등장한다. 페르메이르는 호흐의 그림을 보고 이 방법을 배운 것으로 보인다. 호흐는 1655년을 전후해서 체크무늬 바닥을 그리기 시작했다. 페르메이르 그림에는 1658년경부터 벽과 바닥이 동시에 등장한다. 〈우유를 따르는 하녀〉 같은 몇몇 예외를 제외하면 페르메이르는 대부분 호흐와 마찬가지로 바닥에 체크무늬를 그려 공간을 넓게 보이게 만드는 기법을 썼다.

와인을 마시는 처녀들

17세기 네덜란드 풍속화의 장르 중에는 '즐거운 사람들'이라는 장르가 있다. 이 장르에 속하는 그림 속 사람들은 대개 술에 취해 있거나 왁자지껄하게 대화를 나누는 모습이다. 페르메이르의 '와인을 마시는 여자'는 '즐거운 사람들' 장르에 포함시키기에는 조금 모호하다. 이 공간은 그리 즐거워 보이거나 떠들썩한 느낌도 없다. 거의 비슷한 캔버스 크기에, 같은 해인 1659년에 완성된 두 작품 중에 비교적 쉽게 해석되는 작품은 〈와인을 권하는 남자〉다. 반쯤 열린 창바로 옆에 푸른 테이블보가 깔린 테이블이 있고 한 남자가 술에 취한 듯, 손으로 관자놀이를 괴고 잠들어 있다. 가운데 서 있는 남자는 여자에게 잔뜩 몸을 기울인 채로 그녀의 손에 술잔을 쥐여준다. 여자를 바라보는 남자의 시선이 심상치 않다. 무언가 음흉한 속내가 들여다보이는 듯한 느낌이다.

선홍빛 드레스를 차려입고 같은 색의 머리띠를 맨 여자는 그저 순진해 보이는 얼굴이다. 우리 눈에 뻔히 보이는 남자의 속셈이 이 여자에게는 보이지 않는 듯싶다. 약간 취한 듯한 그녀는 헤퍼 보이는 웃음을 흘리며 잔을 받고 있다. 광택이 반짝이는 실크 드레스에 같은 색의 머리띠까지 갖춘 걸로 보아 여자는 이날을 위해 잔뜩 차려입고 나온 기세다. 그녀의 순진무구한 웃음을 보면 '이런 바보 같으니!' 하고 꾸짖어주고 싶은 마음이 절로 든다.

그림 속에는 남녀 두 사람만 있는 게 아니다. 맨 왼쪽에서 자고 있는 남자의 존재는 좀 모호하다. 이 남자는 굳이 남녀 간의 '밀당'

이 이루어지고 있는 술자리에 끼어 있을 이유가 없다. 자세히 보면 잠든 남자의 옷차림은 지금 여자에게 술을 권하고 있는 남자와 거의 비슷하다. 이 남자는 제3의 인물이 아니라 잠들어버린 남자의 양심이다. 그러니까 지금 남자는 양심 따위는 내팽개쳐버리고 여자를 유혹하러 나선 참이다.

그림을 보는 이들의 답답한 심정을 아는지, 페르메이르는 그림을 통해 '위험하니 정신 차리라'는 경고를 여자에게 보낸다. 반쯤 열린 창은 납으로 정교하게 만든 곡선의 쇠창살과 스테인드글라스로 장식되어 있다. 이 스테인드글라스의 문양을 자세히 들여다보면 무언가를 손에 든 여자의 형상이 보인다. 이 여성은 '절제'를 상징한다. 그런가 하면, 테이블 위에는 '인생의 맛은 보기보다 시다'는 교훈을 주는 과일인 레몬이 놓여 있다.

방의 뒷벽에 걸린 그림은 여자에게 더욱 확실한 경고를 준다. 어둠 속에 가려져서 잘 보이지 않지만 그림은 나이 든 남자의 초상을 담고 있다. 이 그림이 그려진 장소가 여자의 집이라면 이 초상의 주인공은 분명 집의 주인, 여자의 아버지일 것이다. 그림의 공간은 선술집의 시끌벅적한 분위기로 보이지 않으니 여염집일 테고, 여자가 남자의 집에 혼자 찾아갔을 리는 없으니 이 집은 여자가 사는 집이다. 관람객들을 보며 흐리멍덩하게 웃고 있는 여자가 고개를 돌려 자신의 정면이나 오른편을 본다면, 그녀는 '절제', '인생의 신맛', '아버지의 시선'이라는 3중의 엄중한 경고에 번쩍 정신을 차릴 것이다. 물론 우리는 이 이야기의 결말을 알 수는 없다. 페르메이르는 일종의 열린 결말로 이야기를 마무리 지어버렸다. 우리는 예쁘고 순진하기 짝이 없는 처녀가 빨리 시선을 돌려 자신에게 주어지는 경고의 메시지를 알아차리기를 바랄 뿐이다.

〈와인을 권하는 남자〉에 비해 〈와인글라스〉의 상황은 조금 더 복잡하다. 그림 속 인물들은 〈와인을 권하는 남자〉에 비해 조금 더 멀리 물러나 있다. 페르메이르는 테이블 앞에 놓인 의자를 그리기 위해 이 남녀를 뒤로 물러서게 만든 듯싶다. 흰 두건을 쓰고 역시 주홍빛의 실크 드레스를 입은 여자가 와인을 마시는 중이다. 그녀의 얼굴은 두건과 잔에 가려 거의 보이지 않는다. 여자 옆에는 초록빛 망토를 두르고 검은 모자를 쓴 남자가 서 있다. 남자는 여자의 잔이 비면 다시 술을 따르려는 듯, 흰 와인 주전자의 손잡이를 잡고 있다. 이 주전자는 〈와인을 권하는 남자〉에도 등장한다.

페르메이르의 그림을 보는 재미 중 하나는 그림에 그려진 인물뿐만 아니라 사물들까지도 숨겨진 이야기를 해준다는 데 있다. 〈와인글라스〉에는 〈와인을 권하는 남자〉에는 없는, 테이블 앞쪽 의자가 배치되어 있다. 이 의자 위에는 기타와 비슷한 모양의 현악기가 얹혀 있다. 이 악기의 이름은 시턴으로 〈뚜쟁이〉와 〈기타 연주자〉라는 만년의 작품에도 같은 악기가 등장한다. 옆으로 반쯤 빼놓은 의자와 악기, 무엇을 의미하는 것일까? 두 남녀는 조금 전까지 함께 악기를 연주하고 있었다. 남자가 시턴을 연주하고 여자가 노래를 불렀을지도 모른다. 그렇다면 이 두 남녀는 〈와인을 권하는 남자〉에서와는 조금 다른 상황이라는 가정이 성립한다. 악기, 즉 음악은 네덜란드 풍속화에서 사랑을 이야기할 때 자주 등장하는 소재다. 사랑의 핵심은 남녀 간의 조화에 있고 두 사람이 함께 연주하는 음악

〈와인글라스〉 캔버스에 유채, 67.7×79cm, 1659, 국립회화관, 베를린
〈와인을 권하는 남자〉와 거의 동일한 주제와 구도지만 이 그림 속 남녀에게는 연인 같은 분위
기가 감돈다. 흰 두건을 쓴 채 와인글라스 끝을 살짝 들고 와인을 마시는 여성의 모습이 우아
하다. 배경에 걸린 그림 역시 서정적인 느낌의 풍경화다.

은 조화 없이는 이루어질 수 없다.

　남자의 포즈도 이 그림의 해석에 중요한 실마리를 제공한다. 〈와인을 권하는 남자〉와는 달리 〈와인글라스〉의 남자는 여자에게 접근하고 있지 않다. 그는 꼿꼿하게 서서 그저 여자를 지켜볼 뿐이다. 의상 역시 중세의 기사를 연상시키는 챙 넓은 모자와 망토 차림이다. 그는 아무래도 신사처럼 보인다. 여자에게 나쁜 의도로 접근할 사람 같지는 않다.

　그런 시각으로 그림 전체를 관찰하면 공간은 한층 차분하게 정돈되어 보인다. 벽에는 낭만적인 사랑을 의미하는 듯한 풍경화가 걸려 있다. 금실로 수놓은 처녀의 드레스나, 와인잔 바닥을 쥔 채 마지막 한 모금을 마시고 있는 처녀의 동작도 우아하다. 그녀는 중산층 가정에서 제대로 교육받으며 자라온 듯하다. 모든 정황이 두 사람을 연인으로 보이게 해준다. 하지만 이 둘의 관계를 연인으로 못 박기에는 석연치 않은 점들이 여전히 존재한다. 선 채로 앉은 여자를 내려다보는 남자의 시선은 조금 강압적으로 보이기도 한다. 여자가 잔을 다 비우면 바로 다음 잔을 따라줄 것 같은 태세도 마뜩잖다. 이들이 진정 서로를 사랑하는 사이라면, 남자는 여자의 음주를 권하기보다는 말려야 하지 않을까? 창에 있는 스테인드글라스의 무늬는 역시 절제를 상징하는 여성이다. 그렇다면 두 남녀는 연인이기는 하지만 지금 막 연인이 넘어서는 안 되는 선에 가까이 다가가고 있는 중인지도 모른다. 모자의 그늘에 가려진 남자의 눈빛에는 어두운 욕망이 번득이고 있지 않을까?

　여자가 다 마신 잔을 내려놓고 정면의 창을 본다면, 그래서 잠시 잊고 있던 절제의 미덕을 다시금 깨닫게 된다면, 그녀는 자신의 잔을 마저 채우려 하는 연인의 권유를 거절할 것이다. 이 그림 역시 〈와인을 권하는 남자〉처럼 열린 결말로 끝난다. 그렇다면 이 그림의 최종적인 해석은 '아무리 연인이라 할지라도 서로 절제하지 못하면 위험한 순간에 빠질 수 있다'는 일종의 경고일 수 있다. 페르메이르의 그림에 담긴 이야기는 이렇게 무궁무진하고 끝이 없으며 동시에 17세기 델프트라는 한정된 시간과 공간에 매이지 않은, 사람들의 보편적인 감정을 담고 있다. 그의 그림은 물론 정교하고 우아하지만 그저 예쁘기만 한 것은 아니다. 그의 그림에 숨겨진 이야기들은 성실하고 신실한 사람들의 삶을, 그리고 덧없이 빨리 지나가는 인생의 매혹적인 순간을 절묘하게 포착해서 보여준다.

고요한 골목길

이제 페르메이르의 스튜디오를 나와 바깥으로, 델프트로 나갈 차례다. 페르메이르가 그린 35점의 그림 중에서 바깥 풍경을 담은 작품은 〈골목길〉과 〈델프트 풍경〉뿐이다. 이 두 작품은 모두 그가 평생을 살았던 델프트를 그린 그림들이다. 에벨리너는 50분 가까운 '페르메이르 투어'를 마치며 뜻밖의 이야기를 해주었다.

"페르메이르 연구자들은 〈델프트 풍경〉이 그려진 장소는 비교적 쉽게 찾았습니다. 이 그림은 호이카더Hooikade라고 하는 운하 옆 도로에서 운하 너머 델프트를 바라본 장면을 그린 것이지요. 마르크트 광장에서 2킬로미터쯤 떨어진 곳입니다. 과거에는 이곳에 델프트로 들어가는 운하의 수문이 있었습니다. 〈골목길〉을 그린 장소를 찾기는 훨씬 더 어려웠습니다. 이 그림은 두 채의 전형적인 델프트의 집들, 그리고 그 앞길을 그린 것이지요. 가장 유력한 지점은 생가 터에서 멀지 않은 플라밍Vlaming 거리입니다. 이 지점에 페르메이르의 고모 집이 있었습니다. 그 앞으로 운하가 지나가고 있고 운하 너머에 페르메이르의 누나가 사는 집이 있었지요. 화가는 누나의 집에서 골목의 두 집을 바라보며 밑그림을 그렸을 겁니다."

에벨리너는 페르메이르 기념관에서 오른편으로 500~600미터 가량 떨어진 위치가 〈골목길〉에 등장하는 지점일 것이라고 말했다. 이 그림은 델프트의 두 집과 그 집들 너머로 보이는 하늘, 그리고 몇 명의 사람들을 담은 작품이다. 붉은 벽돌로 지어진 집들은 많이 낡아 있다. 집의 1층 외벽에는 하얀 페인트가 칠해져 있고 초록 덧문이 창에 달려 있다. 이 골목길은 페르메이르가 집을 나서 조금만 걸으면 어디서든 볼 수 있는, 그야말로 델프트 어디에서나 볼 수 있는 평범한 풍경이었을 것이다.

17세기는 화가들이 야외에서 그림을 그릴 수 있는 여건, 튜브에 든 물감이나 휴대용 이젤 같은 도구들이 미처 마련되지 않았던 시대였다. 페르메이르는 이 풍경의 밑그림만 스케치한 후 자신의 집으로 가져와 그림을 완성했을 것이다. 그의 스케치가 하나도 남아 있지 않으니 정확한 작업 방식을 알 수는 없다. 다만 흥미로운 점은 화가가 이 골목길 풍경을 사진처럼 세밀하게 그렸다는 사실이다. 벽에는 세월의 흔적인 얼룩이 묻어 있고 벽돌로 쌓은 벽에도 미

〈골목길〉캔버스에 유채, 54.3×44cm, 1658, 네덜란드 국립미술관, 암스테르담

차분하고 고요한 골목길의 풍경이다. 낡았지만 깨끗이 정돈된 두 채의 집이 나란히 서 있다. 이 그림이 그려진 지점은 페르메이르의 생가에서 멀지 않은 플라밍 거리 40~42번지 사이로 추정된다. 페르메이르는 두 채의 집은 꼼꼼하게 그린 반면, 네 명의 등장인물은 마치 그림 속 정물처럼 간결하게 표현했다. 이 그림 속 두 아이는 페르메이르의 실제 자녀들이었을지도 모른다.

세한 균열이 나 있다. 그림을 자세히 들여다보지 않으면 무려 네 명이나 되는 등장인물들을 못 보고 지나칠 수 있다. 왼쪽 집으로 들어가는 길목에서 한 여인이 막 청소를 마친 듯, 물통을 내려놓고 있다. 오른쪽 집의 안에 앉은 여인은 바느질을 하는 듯싶다. 오른편 집 앞에는 아이 둘이 쪼그리고 앉아 놀고 있다. 페르메이르는 집의 전면은 사진처럼 세심하게 그려놓은 데 비해, 네 명의 등장인물들은 몇 번의 붓터치로만 마무리했다. 그래서 사람조차 이 고요한 정경의 일부처럼 보인다.

이 장면은 풍경화의 주제가 되기에는 지나칠 정도로 평범하다. 페르메이르는 왜 이 장면을 그리기로 결심했던 것일까? 에벨리너의 설명대로라면 페르메이르는 한 해에 최대 서너 점의 작품밖에 그리지 못할 정도로 작업 속도가 느린 화가였다. 그는 분명 한 점 한 점을 그릴 때마다 무엇을 그릴지, 어떤 구성과 내용을 담을지를 심사숙고했을 것이다.

아마도 페르메이르는 이 이야기를 하고 싶었던 게 아닐까? '일상은 이토록 평온하게, 그리고 근면하게 흘러간다'는 이야기 말이다. 그림 속 등장인물들은 모두 각자에게 주어진 일을 하고 있다. 집의 안팎을 청소하고 바느질을 하는 일은 주부의 의무이며, 아이들은 사이좋게 뛰놀면서 서로를 배려할 줄 아는 건강한 어른으로 성장해 간다. 17세기 네덜란드 사람들은 신은 거창하게 꾸며진 교회가 아니라 이렇게 평화롭고 성실한 일상 속에 함께한다고 믿었다. 야외임에도 불구하고 그림 속 풍경에는 페르메이르 특유의 고요함이 느껴진다. 여기에는 시끄러운 소음이나 불필요한 잡음이 끼어들 여지

가 없다. 에른스트 곰브리치Ernst Gombrich의 표현을 빌리자면 〈골목
길〉은 "우리로 하여금 단순한 정경의 조용한 아름다움을 참신한 눈
으로 보게 만들어주는" 작품이다.

에벨리너는 내가 든 지도에 세 군데의 장소를 표시해주었다. 〈골
목길〉을 그린 지점으로 여겨지는 플라밍 거리 40번지와 42번지,
〈델프트 풍경〉에 등장하는 운하와 수문이 있는 호이카더 거리, 그
리고 마지막으로 페르메이르 일가의 무덤이 있는 구교회였다. 페르
메이르 기념관 앞으로 난 운하를 따라 5분쯤 걸어가니 이내 〈골목
길〉을 그린 플라밍 거리가 나타났다. 정말로 운하 맞은편에서 보아
야 정확한 위치를 알 수 있었다. 페르메이르의 그림에 등장하는 오
래된 집들은 물론 이미 사라졌고 새집 두 채가 그림과 거의 똑같은
구조로 들어서 있었다. 이 두 집의 외벽에 〈골목길〉을 흉내 낸 벽화
가 어설픈 솜씨로 그려져 있어서 이 지점이 350여 년 전 화가의 시
선이 닿았던 장소임을 알려주고 있었다.

재미있게도 내가 플라밍 거리를 찾아갔을 때, 42번지에 사는 듯
한 두 남녀가 나와 대패로 무언가를 깎아내고 있었다. 유럽 다른 국
가들과 마찬가지로 네덜란드 역시 소소한 노동의 대가가 꽤 비싸
기 때문에 웬만한 수리는 집주인들이 직접 하곤 한다. 청소를 마치
고 물통을 내려놓던 그림 속 여자 생각이 저절로 났다. 그들은 낯선
방문객이 운하 너머에서 왔다 갔다 하는 모습과 아랑곳없이 열심히
대패질을 하고 있었다. 자세히 보니 방문을 고치는 듯싶었다. 남자
는 대패질을 하다가 여자가 집 안에서 가지고 나온 차를 마시며 쉬
기도 했다. 맑게 갠 하늘과 구름이 운하 위로 흘러가며 반짝반짝 광

〈골목길〉의 배경이 된 델프트 플라밍 거리 40~42번지

페르메이르 생존 당시의 흔적은 찾을 길이 없지만 40번지와 42번지 사이에는 〈골목길〉의 같은 부분을 흉내 낸 벽화가 그려져 있었다. 페르메이르는 이 거리 앞에 있는 운하 건너에 있는 자신의 누나 헤르튀리의 집에서 이곳을 바라보며 밑그림을 그린 뒤, 스튜디오로 돌아와 그림을 완성한 것으로 보인다.

채를 냈다. 페르메이르의 그림 속 풍경처럼 일상은 이렇게 평이하게, 그리고 또 평이하기 때문에 더욱 아름답게 지나가고 있었다.

신의 눈으로 바라본 풍경

나는 페르메이르 기념관과 마르크트 광장을 떠나 〈델프트 풍경〉이 그려진 호이카더로 향했다. 에벨리너에게 감사의 인사를 남기고 페르메이르에 관한 책 몇 권을 기념관 1층에서 샀다. 에벨리너는 호이카더로 가는 중간에 델프트역이 있으니 다시 페르메이르 기념관으로 돌아올 필요 없이 역 앞에서 트램을 타고 헤이그로 가면 된다고 일러주었다.

구시가를 관통하는 '구델프트Oude Delft'라는 긴 길을 따라 걸었다. 이 길은 페르메이르의 후원자였던 피터르 판 라위번이 살았던 구역으로 17세기에는 델프트에서 가장 호화로운 집들이 모여 있던 곳이었다. 기차역을 지나 15분쯤 걸으니 운하 세 갈래가 하나로 모이는 지점이 나왔다. 여기서 운하는 하나로 모여 강처럼 폭이 넓어진다. 옛날에 운하의 수문이 이 자리에 있었다는 설명이 이제야 이해되었다.

〈델프트 풍경〉은 여름날 아침의 수문과 운하 풍경을 그린 그림이다. 페르메이르의 그림 중 가장 넓은 시야를 담고 있으며 크기도 96.5×115.7센티미터로 큰 편이다. 왼편의 수문이 스히담Schiedam 문, 오른편에 그려진 수문은 로테르담Rotterdam 문이다. 처음에는 판 라위번의 소유였던 이 작품은 1822년 경매에 부쳐졌을 때 당시 네덜란드 국왕 빌럼 1세가 2900휠던을 주고 사서 마우리츠하위스 미술관에 기증했다고 한다. 그림 속에 등장하는 사람들은 열다섯 명이나 되지만 〈골목길〉과 마찬가지로 사람들은 아주 작게 그려져서 자세히 들여다보아야 알아볼 수 있다. 강처럼 넓은 운하의 이편에 사람들이 옹기종기 모여서 나룻배가 운행하기를 기다리고 있다. 운하 너머 오른편에는 제법 큰 배와 수문이 보인다. 〈골목길〉과 마찬가지로 〈델프트 풍경〉 역시 고요하고 평온한 표정의 그림이다. 하늘에 뜬 구름이 운하 너머의 건물들 위로 그늘을 드리우고 있다.

호이카더에서 〈델프트 풍경〉에 등장한 건물들을 볼 수 있을 거란 기대는 물론 하지 않았다. 예상대로 운하 너머 풍경은 완전히 변해 있었다. 두 개의 수문도 사라진 지 오래라고 했다. 오직 멀리 보이는 신교회의 종탑만이 이 지점이 〈델프트 풍경〉과 동일한 장소임을 알려주고 있었다. 남아 있는 건물이 한두 개라도 있었다면 하는 아쉬움이 드는 건 어쩔 수 없었다.

그런데 막상 〈델프트 풍경〉을 그린 지점에 서니 묘한 느낌이 들었다. 그림이 그려진 위치(작은 팻말이 하나 서 있다)에서 새삼 신기하게 느껴진 점은 '그림의 시선이 예상보다 위에 있다'는 부분이었다. 화가가 높은 곳에서 델프트 풍경을 내려다보면서 그림을 그린 듯한 느낌이 든다. 물론 17세기의 호이카더 거리 지점에 높은 건물은 없었다. 지금도 없다. 이 지점에는 카페 겸 식당이 두어 개 들어서 있을 뿐이다. 운하 가장자리에 줄줄이 서 있는 벤치 위로 올라가 〈델프트 풍경〉과 엇비슷한 조망을 바라보려 했지만 허사였다. 페르메

〈델프트 풍경〉 캔버스에 유채, 96.5×115.7cm, 1660~1661, 마우리츠하위스 미술관, 헤이그

여름 아침, 델프트로 들어가는 운하 입구를 그린 그림이다. 운하 양쪽으로 각각 스히담 수문
과 로테르담 수문이 있다. 이 지점은 17세기 당시 델프트를 찾는 사람과 물자가 드나드는 도시
의 관문이었다. 운하 너머 시가지는 구름이 만든 그늘 속에 덮여 있지만 유독 신교회의 첨탑
만은 햇빛을 받아 밝게 빛난다.

페르메이르가 〈델프트 풍경〉을 그리기 위해 운하를 바라본 지점
과거의 흔적은 모두 사라졌으나 신교회의 높은 첨탑은 그림에 등장한 모습 그대로다. '호이카
더'라는 이름의 이 거리에는 두어 곳의 선술집 겸 카페가 자리 잡고 있었다. 깔끔하게 지어진
운하 너머 가옥들이 어딘지 모르게 〈델프트 풍경〉 속 집들과 유사해 보인다.

이르는 어떻게 이처럼 위에서 내려다보는 듯한 구도를 생각해냈을까?

　이 그림에서도 페르메이르는 빛의 효과를 적절히 이용하고 있다. 하늘의 전면에는 제법 두꺼운 구름이 몰려 있다. 이 구름이 그늘의 장막을 만들어서 운하, 그리고 운하 너머의 집들은 그늘 속으로 들어간 상태다. 반면 그림의 맨 앞부분, 작은 나룻배와 사람들은 밝은 햇살 아래 서 있다. 멀리 보이는 원경에도 빛이 내리쬐고 있다. 말하자면 페르메이르는 그늘-빛-그늘로 구성되는 실내 풍속화 속 공간과는 반대로 이 풍경화에서는 빛-그늘-빛의 세 층을 만들어 놓았다. 그림이 고요하고 차분하지만 동시에 활달한 느낌도 주는 것은 이처럼 교묘하게 만들어낸 빛의 층 때문이다.

　멀리 보이는 원경에서 유독 빛을 받고 있는 흰 탑은 지금도 서 있는 신교회의 종탑이다. 페르메이르는 가톨릭 신자였으나 여기서 자신의 종교를 드러내지는 않는다. 초창기의 〈마르다와 마리아의 집에 온 예수〉를 제외하면 페르메이르는 종교화를 거의 그리지 않았다. 당시 네덜란드 사람들은 직접적이기보다는 은근한 방식으로 신앙심을 고취시키는 그림을 선호했다. 페르메이르는 그런 고객들의 기호에 맞추기 위해 신교회의 종탑을 햇빛 속에서 빛나는 모습으로 그렸을 것이다. 멀리서 은은히 빛나는 종탑을 보며 사람들은 절로 신의 은총을 떠올렸을 테니 말이다.

　비가 그치고 햇살이 비추었지만 델프트의 5월은 여전히 쌀쌀했다. 페르메이르가 그린 이 장면, 여름날 아침의 운하 주변도 덥다기보다는 서늘했을 것이다. 눈앞에 보이는 풍경과 〈델프트 풍경〉의 장면이 저절로 겹쳐졌다. 그림 속은 완전히 평온하며 이상적인 세계다. 미풍이 부드럽게 운하 위를 스쳐가고 물 위에 비친 건물과 로테르담 수문이 아른거리며 일렁인다. 사람들의 무리에서 떨어져 나와 대화를 나누는 두 아낙의 모습이 유독 정답게 보인다. 17세기 당시에 화가의 시선, 이처럼 높은 곳에 올라가서 운하를 조망할 수 있는 사람은 없었다. 오직 신만이 하늘 높은 데서 델프트를 굽어볼 수 있었으리라. 그리고 그 모습은 「창세기」에 나온 대로 "하느님께서 보시니 참 좋았다"라고 할 만한 풍경이었다. 모든 것들은 제자리에서 그 자신의 모습으로 빛난다. 평범한 여름날 아침의 풍경에서 천국을 끄집어낼 수 있는 화가, 그가 페르메이르였다.

오전의 비가 무색하리만치 하늘은 맑게 개어 있었다. 나는 오랫동안 벤치 위에 서서 어지럽게 날리는 머리카락 사이로 실눈을 뜨고 델프트 풍경을 바라보았다. 바람이 머리 위 구름을 빠르게 날려보내고 온화한 햇살이 이마 위로 쏟아졌다. 델프트 풍경에서도 구름은 재빨리 움직이며 멀리 있는 도시를 환히 비추고 있다.

모든 것은 아득하리만치 변해 있었다. 그러나 햇빛과 구름만은 변함없이 똑같았다.

사진술의 발달과 카메라 오브스쿠라

페르메이르의 그림은 대개 여염집의 방을 배경으로 한다. 방 안은 크거나 넓지 않지만 여기서 우리는 충분한 공간감을 느낄 수 있다. 화가가 빛을 이용해서 작은 공간을 세심하게 분할했기 때문이다.

페르메이르는 광학의 원리를 알고 있었던 것 같다. 마치 카메라 뷰파인더로 사물을 보는 것처럼, 〈우유를 따르는 하녀〉에서 가까운 테이블, 바구니, 빵 등은 덜 선명하게 보인다. 우리의 눈, 또는 카메라 렌즈의 초점이 하녀와 뒤편의 흰 벽에 맞춰져 있기 때문이다. 〈류트를 연주하는 여자〉와 〈편지를 읽는 푸른 옷의 여인〉에서도 동일하게 어둡고 흐릿한 전면과 상대적으로 선명한 뒤편의 인물을 볼 수 있다.

페르메이르의 그림 속 공간은 빛으로 미묘하게 구분된다. 전면을 흐릿하게 처리하면 공간의 중간이나 뒤편에 있는 인물과 배경이 먼저 눈에 들어온다. 이를 통해 화가는 작은 공간에서도 충분히 깊이감을 표현해낼 뿐만 아니라 그림의 극적인 효과를 높이고 있다.

테르 보르흐, 〈편지 쓰는 여인〉(1655)

〈진주 목걸이〉(1664)

이것은 페르메이르와 동시대 화가들 사이의 중요한 차이점이다. 테르 보르흐의 〈편지 쓰는 여인〉과 페르메이르의 〈진주 목걸이〉를 비교해보면 그 차이가 확연히 드러난다. 테르 보르흐의 그림에서는 페르메이르의 그림처럼 섬세한 빛 분할을 찾아볼 수 없다.

카메라 오브스쿠라

페르메이르는 어떻게 카메라가 발명되지도 않은 17세기에 카메라 뷰파인더로 바라본 듯한 공간을 그릴 수 있었을까? 대부분의 전문가들은 그가 카메라 오브스쿠라를 사용했다고 생각한다.

카메라 오브스쿠라는 눈에 보이는 입체적인 장면을 평면으로 만들어주는 일종의 광학 장치다. 안을 검게 칠한 장방형 상자의 정면에 구멍을 뚫어 볼록렌즈를 끼우고, 상자 안에 흰 스크린을 반쯤 눕혀 볼록렌즈를 투과한 장면이 비치게 한다. 이때 스크린에는 좌우, 상하가 반대로 된 장면이 맺힌다.

페르메이르가 카메라 오브스쿠라를 사용했다고 처음으로 주장한 이는 19세기 말의 석판화가 조지프 페널Joseph Pennell이다. 그는 〈병사와 웃고 있는 젊은 여인〉에서 병사의 머리 부분이 여성의 두 배 가까이 크게 그려진 데 의구심을 품었다. 페널은 이러한 크기 차이의 원인으로 카메라 오브스쿠라를 지목했다. 카메라 오브스쿠라에 맺힌 장면에서는 가장자리가 실제보다 확장된 상태로 보인다.

1971년, 대니얼 핑크Daniel Fink는 페르메이르의 스튜디오와 유사한 공간을 카메라 오브스쿠라로 관찰하여 26점의 페르메이르 그림에서 카메라 오브스쿠라의 흔적을 찾아냈다. 핑크는 페르메이르 그림의 전면이나 가장자리의 사물들이 유난히 크게 그려진 점, 〈우유를 따르는 하녀〉의 테이블 위 빵 바구니처럼 밝은 빛을 받은 부분에 육안으로는 안 보이는 흰 점들이 찍혀 있는 점, 전경과 배경의 비율이 카메라 오브스쿠라의 그것과 유사한 점, 페르메이르가 사용한 대부분의 캔버스가 장방형이라는 점 등을 증거로 들었다.

하지만 페르메이르가 카메라 오브스쿠라라는 장치의 도움을 받았다 해도 그의 번뜩이는 천재성이나 독창성이 훼손되는 것은 결코 아니다. 카메라 오브스쿠라는 페르메이르가 그릴 대상을 관찰하는 데 도움을 주었을 뿐이다.

일하는 여자는
아름답다

암스테르담

페르메이르 앞에서 공명하는 관람객들

　흔히 '레이크스뮤지엄Rijksmuseum'이라고 불리는 네덜란드 국립미술관은 암스테르담 남쪽의 '박물관 지구'에 있는 아름다운 건물이다. 분홍빛 벽돌로 지어진 이 미술관은 유럽의 다른 고전 미술관들처럼 장대하거나 위압적인 건물이 아니다. 조촐하면서도 기품 있는 미술관이 넓은 잔디밭 한가운데 서 있는 광경은 네덜란드라는 국가의 정체성, 말 그대로 시민들이 건설하고 또 지켜온 국가의 역사를 절로 떠올리게끔 만든다. 방문객은 보통 트램을 타고 박물관 지구 정류장에 내려서 잔디밭 사이에 난 길을 걸어 미술관으로 오게 되는데, 트램을 내리면 바로 보이는 콘세르트헤바우 홀은 유럽의 명문 오케스트라인 로열 콘세르트헤바우 오케스트라(RCO)가 상주하는 콘서트홀이다. 이 콘서트홀 역시 국립미술관처럼 겉보기로는 수수하지만 홀의 음향은 유럽 전체에서 가장 뛰어나다는 평가를 받는다.

네덜란드에 국립미술관을 건립하도록 명령한 이는 엉뚱하게도 나폴레옹의 동생이었다. 나폴레옹은 프랑스제국 건설을 목표로 전 유럽을 침공했고 네덜란드공화국 역시 프랑스의 침략을 피하지 못 했다. 1806년 나폴레옹은 '네덜란드왕국'을 급조해 자신의 동생 루이 보나파르트에게 군주를 맡겼다. '네덜란드 왕 로데베이크 1세'라는 어색한 타이틀을 얻은 루이는 루브르 박물관과 엇비슷한 국립미술관의 개관을 명령했다. 국립미술관은 1808년 헤이그 근처의 하위스 텐 보스Huis ten bosch 궁정에서 문을 열었다. 루이는 1810년 권좌에서 밀려났으나 국립미술관은 암스테르담으로 이전해 와 계속 수집품을 모으며 확장해나갔다. 현재의 건물은 1885년에 완공되었는데 완공 당시에 이 미술관은 암스테르담은 물론, 네덜란드 전역에서 가장 큰 건물이었다고 한다.

현재 네덜란드 국립미술관은 중세부터 현대까지 플랑드르 지역과 네덜란드에서 그려진 작품 100만여 점을 소장하고 있으며 이 중 8000여 점이 전시되어 있다. 방문객의 수도 연간 200만 명이 넘는다. 요컨대 '작은 나라의 작은 미술관이겠지'라고 생각하면 큰코다칠 만한 대규모 미술관이다.

트램에서 내려 국립미술관으로 향하다 보면 넓은 잔디밭 왼편으로 원통형의 세련된 건물이 보인다. 네덜란드가 자랑하는 또 한 명의 화가 반 고흐 미술관이다. 두 미술관 사이에는 기념품 가게 겸 티켓판매소 건물이 따로 있어서 방문객들은 여기서 두 미술관의 기념품과 티켓을 살 수 있다. 사소한 부분이지만 실용성을 중시하는 네덜란드인의 성격이 느껴지는 듯했다. 미술관의 기념품 가게

네덜란드 국립미술관

암스테르담의 박물관 지구에 위치해 있다. 이 미술관 왼편 앞에는 단일 미술관으로는 가장 많은 반 고흐의 작품을 소장하고 있는 반 고흐 미술관이 있다. 세계 각지에서 두 미술관을 찾아온 관광객들로 박물관 지구는 언제나 분주하다. 국립미술관을 찾아갔을 때 마침 렘브란트 특별전이 열리는 중이라 입구 위에 렘브란트 자화상이 크게 걸려 있었다.

를 아예 미술관 건물 밖에 만들어놓으면(물론 미술관 안에도 기념품 가게는 있다) 미술관에 들어갈 시간은 없으나 기념품은 사고 싶은 관광객들을 끌어들일 수 있다. 역시 무역과 상업으로 흥한 나라답구나 싶기도 했다.

반 고흐 미술관은 일일 관람객 수를 엄격하게 제한하기 때문에 매표소에서 당일 입장이 가능한 티켓을 사기는 쉽지 않다. 대부분의 관람객들은 인터넷으로 미리 예약을 한 후, 예약 시간에 맞춰 미술관에 온다. 그래서 반 고흐 미술관은 겉보기에는 그리 붐비지 않지만 정작 들어가기는 어렵다(나는 오전 9시 30분에 갔다가 그날 저녁 5시 30분에 입장하는 티켓을 간신히 샀다). 국립미술관은 그 정도는 아니지만 당일 티켓을 사도 바로 입장할 수는 없고 대개는 입구 앞에 늘어선 줄에서 20~30분쯤 기다려야 한다.

아무튼 이 국립미술관은 갈 때마다 여러모로 색다른 인상을 준다. 우선 건물의 생김새부터가 그렇다. 루브르 박물관, 빈 미술사박물관, 프라도 미술관, 내셔널갤러리 등 유럽의 미술관들은 거의 왕궁 건물이었거나 아니면 왕궁에 비견할 만큼 웅장하게 지은 건물들이다. 전혀 화려하지 않은 네덜란드 국립미술관은 견실하게 지은 시청이나 대학 본부를 연상시킨다. 건물 한가운데 아치형의 커다란 통로가 있어서 어찌 보면 거대한 성문 같기도 하다. 이 아치형 통로 안에 미술관 입구가 있다. 방문객은 바깥의 매표소에서 티켓을 산 뒤 통로로 들어가서 회전문을 돌아 미술관으로 입장하게 된다. 입구 통로는 미술관 건물을 관통하는 도로를 겸하고 있어서 이리로 자전거가 드나든다. 입구 앞 줄에서 입장을 기다리는 동안은 자연히 자전거를 타고 통로를 지나다니는 암스테르담 사람들을 무심하게 쳐다보게 된다. 말 그대로 암스테르담의 생생한 '현재'를 바라보고 있다가 회전문을 통과해 미술관 안으로 들어서면 갑자기 벌어진 시간 차에 놀랄 수밖에 없다.

보통의 미술관들은 소장하는 대표작들을 미술관 안에 꽁꽁 숨겨놓는다. 루브르 박물관에서 레오나르도 다빈치의 〈모나리자〉를 찾거나 내셔널갤러리에서 〈암굴의 성모〉를 찾으려면, 또 프라도 미술관에서 벨라스케스의 〈시녀들〉을 보려면 미술관 안을 거의 다 돌다시피 해야 한다. 그런데 네덜란드 국립미술관에서는 들어가자마자 렘브란트와 페르메이르를 비롯해 프란스 할스, 헤라르트 테르 보르흐, 니콜라스 마스, 피터르 더 호흐, 얀 스테인 등 17세기 네덜란드 황금시대 거장들의 작품을 바로 맞닥뜨리게 된다. 이 미술관의 독특한 구조 때문이다.

방문객은 미술관 입구인 0층(유럽인들은 건물의 1층을 0층, 또는 '바닥'이라는 뜻의 '그라운드 플로어Ground floor'로 부른다)으로 들어와 카페가 있는 아트리움을 지나 티켓을 제시하고 전시실이 있는 공간으로 입장하게 된다. 직원의 검표를 통과하면 양편으로 갈라진 계단 두 개가 눈앞에 나타난다. 이 계단은 1층이 아니라 2층으로 연결되어 있다. 방문객은 계단을 올라가 2층 전시실로 향하는 문을 열고 들어간다. 이 문을 열면 아무도 예상치 못했던 광경이 펼쳐진다. 미술관 전체를 꿰뚫는 듯, 엄청나게 긴 전시실의 양편으로 17세기 네덜란드 황금시대의 걸작들이 즐비하게 걸려 있다. 렘브란트의 수많은 초상화와 자화상, 페르메이르의 〈골목길〉〈우유를 따르는 하녀〉〈편지를 읽는 푸른 옷의 여인〉, 얀 스테인의 〈명랑한 가족〉 등 걸작들이 줄줄이 등장한다. 길고 긴 전시실의 끝에는 렘브란트의 대작 〈야경〉이 위풍당당하게 걸려 있다. 조금 전까지 끝없는 자전거의 행렬을 바라보며 암스테르담의 싸늘한 날씨에 웅크리고 있던 방문객은 마치 시간이동을 한 듯, 어안이 벙벙해진다. 이 길고 긴 전시실의 이름은 '영광의 전시관'이다.

'영광의 전시관'이라는 이름은 사실 페르메이르의 작품에는 좀 들어맞지 않는 듯싶다. 〈야경〉을 바라보며 긴 전시실을 천천히 걸어가다 보면 왼편의 기둥과 기둥 사이, 사람들이 유난히 몰려 있는 코너가 하나 보인다. 페르메이르의 그림들이 걸려 있는 곳이다. 국립미술관은 모두 네 점의 페르메이르 작품을 소장하고 있다. 〈우유를 따르는 하녀〉 〈편지를 읽는 푸른 옷의 여인〉 〈골목길〉 〈연애편지〉다. 현재 남아 있는 페르메이르 작품 35점 중에 가장 많은 작품을 보유한 미술관은 미국 메트로폴리탄 미술관이다. 메트로폴리탄 미술관은 다섯 점의 페르메이르 작품을 소장하고 있다. 두 번째는 네덜란드 국립미술관과 미국 워싱턴 D. C.의 국립미술관으로 각각 네 점씩을 가지고 있다.

루브르 박물관에서 〈모나리자〉를 처음 본 사람들은 너나없이 이 걸작의 크기가 생각보다 작은 데 실망하게 된다. 페르메이르의 그림도 마찬가지다. 〈우유를 따르는 하녀〉를 비롯한 국립미술관의 페르메이르 작품들은 모두 예상보다 작다. 〈우유를 따르는 하녀〉가 45.5×41센티미터이고 나머지 그림들도 고만고만한 크기다. 그림 사이즈는 작고 보려는 사람은 많으니 자칫하면 페르메이르의 그림

네덜란드 국립미술관 2층 '영광의 전시관' 한편에 걸린 페르메이르의 작품들
왼쪽부터 〈골목길〉 〈연애편지〉 〈우유를 따르는 하녀〉 〈편지를 읽는 푸른 옷의 여인〉이다. 맨 오른쪽 작품은 델프트에서 페르메이르와 함께 활동했던 피터르 더 호흐의 〈부엌에 서 있는 여자와 아이〉다.

이 아니라 그림을 둘러싼 사람들의 뒤통수만 보다 나오게 될 공산도 있다. 생각해보면 참으로 이상한 일이다. 작은 그림들을 둘러싼 사람들은 세계 각 나라의 말로 그림에 대해 설명하거나 감탄하며 사진을 찍느라 바쁘다. 그림 속의 델프트는 하나같이 고요한데 그림 바깥에서는 수많은 소음과 카메라, 언어가 명멸한다. 세계 각지에서 페르메이르를 보러 온 사람들은 이 작은 그림들 속에서 시간과 공간을 뛰어넘는 어떤 공명을 발견하고 있는 듯했다.

일하는 이는 그 누구나 아름답다

〈우유를 따르는 하녀〉는 왜 유명한 그림일까? 언젠가 암스테르담을 방문했던 친구 하나는 "〈우유를 따르는 하녀〉는 꼭 실물을 봐야 해. 그림이 정말 반짝거리거든"이라고 말했다. 반짝거리는 그림? 대체 어떻게 그림을 그렸길래 반짝인다는 걸까? 실물을 보는 느낌을 말하자면 그림은 반짝거린다기보다 소박하다. '영광의 전시관'이라는 거창한 이름은 이 그림에 어울리지 않는다. 그림이 보여주는 광경은 간명하다. 여염집 부엌에서 하녀가 아침을 준비하고 있다. 빵과 우유가 전부인 식사를 위해 하녀는 빵을 바구니에 담고 단지의 우유를 그릇으로 따르는 중이다. 하녀는 흰 두건에 노란 웃옷을 입고 붉은 치마에 푸른 앞치마를 둘렀다. 색깔만으로 따지면 하녀의 옷치고는 지나치게 화려하지만 성글게 짜인 웃옷의 천, 소매 위로 두른 낡은 토시 등을 보면 싸구려 옷감으로 대충 만든 옷인 듯싶다.

 이 그림에서 가장 독특한 점은 그림의 주인공이 여염집 아가씨
나 부인이 아니라 노동계층의 여자, '하녀'라는 점이다. 17세기 네
덜란드 화가들의 작품 중에는 주부나 하녀가 집안일을 하는 장면을
그린 작품이 적지 않다. 이런 그림들은 칼뱅파의 영향을 받은 작품
이다. 가톨릭의 관점에서 '노동'은 최초의 인간인 아담과 이브가 선
악과를 먹은 대가로 받아야 하는 벌 중의 하나였다. 가톨릭에서 고
귀한 노동은 성서를 필사하거나 스테인드글라스를 그리는 것 같은,
신의 영광을 높이기 위한 일에만 한정되었다. 그러나 개신교, 특히
칼뱅파 목사들은 아무리 하찮은 일이라도 자신에게 주어진 일을 열
심히 하는 것이 중요하며, 근면한 노동은 그 영혼이 얼마나 고귀한
지 알려주는 증거라고 설교했다. 이 설교 내용대로라면 일의 종류
와 상관없이 노동은 사람의 영혼을 한 발자국 천국에 더 가까이 가
게 하는 과정이다.

 이런 관점에서 보면 페르메이르가 왜 하녀를 주인공으로 한 그림
을 그렸는지, 그리고 그 노동의 순간을 이처럼 빛나게 그렸는지 이
해할 수 있다. 페르메이르는 가톨릭 신자였으므로 내면적으로는 노
동에 대한 칼뱅파의 관점에 동의하지 않았을지도 모른다. 그러나
그는 가톨릭 신자 이전에 17세기 네덜란드 사람이었고, '근면한 노
동은 영혼의 고귀함을 드러내는 신성한 행위'라는 동시대의 가치관
에 찬성하는 입장이었을 것이다. 실제로 페르메이르의 부모를 비롯
해서 많은 네덜란드 사람들은 노동을 통해 자신들의 가치를 입증해
왔다. 페르메이르 역시 마찬가지였다. 이 작은 그림 하나를 완성하

142

기 위해 페르메이르는 최소 서너 달 이상을 고심해가며 최고의 안료와 캔버스, 기름을 구했다. 하녀가 두른 앞치마는 눈이 시릴 정도로 환한 푸른빛으로 빛나고 있다. 이 앞치마를 칠한 파란색은 당시 금보다 더 비싼 안료인 라피스라줄리로 만들어낸 색깔이다. 페르메이르가 만년에 빚더미에 올라앉은 이유가 지나치게 많은 라피스라줄리를 사용했기 때문이라고 주장하는 연구자가 있을 정도다. 그림의 크기 자체는 작지만, 이처럼 비싼 재료를 아낌없이 썼기 때문에 페르메이르 작품의 가격은 당대에도 비쌀 수밖에 없었다.

철학자 알랭 드 보통의 말처럼 '위대한 예술 작품은 어떤 것을 깨우치는 특성'이 있다. 노동에 대해서 '즐겁고 신나는 일'이라고 생각하는 이는 단연코 한 명도 없을 것이다. 이미 기원전 4세기에 아리스토텔레스는 '보수를 받는 일과 즐거움은 양립할 수 없다'고 간파하지 않았는가. 페르메이르의 그림은 그럼에도 불구하고 우리에게 어떤 깨우침을 준다. 일하는 모습은 그 일의 종류와, 그리고 일을 하는 사람의 외모나 나이와 상관없이 아름답다는 점이다. 우리가 매일 열심히 일하는 것은 결코 무가치한 과정이 아니다. 일은 우리 존

〈우유를 따르는 하녀〉 캔버스에 유채, 45.5×41cm, 1660, 네덜란드 국립미술관, 암스테르담
칼뱅파 개신교는 일상적인 노동의 중요성을 강조했다. 그 어떤 일이든 간에, 자신이 맡은 일을 열심히 하는 사람은 선한 영혼을 가지고 있으며 천국에 갈 수 있다는 것이 칼뱅파의 가르침이었다. 페르메이르의 〈우유를 따르는 하녀〉는 바로 이러한 노동의 고귀함을 보여주는 걸작이다. 평범한 부엌에서 식사를 준비하는 하녀의 모습은 창을 통해 들어온 아침 햇살 속에서 성모의 모습처럼 영롱하게 빛난다. 페르메이르는 한 사람만을 그린 그림의 뒤편에 보통 '그림 속 그림'이나 지도 등을 넣었지만 이 작품에서는 부엌의 흰 벽에 아무것도 걸지 않았다.

재의 증명과도 다르지 않다. 주어진 일을 열심히 하며 보내는 하루 하루가 합쳐져서 우리의 삶을 이룬다. 그런 일상이 아름답지 않다면 대체 어떤 사람과 어떤 장면이 아름다울 수 있겠는가.

나는 앞뒤로 지나가는 사람들과 사진을 찍기 위해 휴대폰 든 손을 높이 들어 올리는 사람들 사이에서 이리저리 치이면서 계속 〈우유를 따르는 하녀〉를 바라보았다. 350년 전의 화가가 하는 이야기를 알아들을 수 있을 것 같았다. 어찌 보면 우습기 짝이 없는 이야기지만, 나는 그때 분명 페르메이르와 영혼의 대화를 나누고 있었다. 위대한 예술은 시간의 흐름과 상관없이 영속적인 생명력을 갖고 있다. 〈우유를 따르는 하녀〉 역시 그러한 걸작이었다.

고요하고 치밀한 빛의 드라마

〈우유를 따르는 하녀〉는 1658년에서 1660년 사이에 완성된 작품으로 추정된다. 카를 쉬츠는 페르메이르의 전작을 분석한 저서 『페르메이르』에서 이 그림을 여덟 번째 완성작이라고 주장했다. 35점 중 여덟 번째 그림이라면 초기에서 전성기로 넘어가는 즈음의 작품인 셈이다. 또 하나의 걸작인 〈진주 귀고리 소녀〉는 이 그림보다 8년 정도 후인 1665년에서 1667년 사이 완성된 것으로 보인다.

〈우유를 따르는 하녀〉는 페르메이르에 대한 많지 않은 기록들 중에서 그나마 자주 언급되는 작품이다. 1719년에 만들어진 작품 목록은 "그 유명한 〈우유를 따르는 하녀〉이다"라고 이 작품을 설명하고 있다. 영국 초상화가인 조슈아 레이놀즈Joshua Raynolds도 이 그림을 보고 감탄했다는 기록이 남아 있다. 유명세에 비하면 〈우유를 따르는 하녀〉는 매우 간결한 작품이다. 그림의 등장인물은 한 명뿐이며 배경은 살풍경할 정도로 아무것도 없다. 엑스레이로 그림을 촬영해서 밑그림을 분석해본 결과, 원래 페르메이르가 그림의 오른편, 발을 데우는 작은 난로가 있는 부분에 빨래바구니를 그리려고 했다는 점이 드러났다. 뒤편의 흰 벽에도 걸개나 그림을 걸려 했던 듯, 직사각형을 그리다 지웠던 흔적이 보인다고 한다. 그림의 구성이 심심할 정도로 간결해진 것은 결국 화가의 의도였다는 이야기다. 하녀의 이마, 왼편의 테이블, 오른편의 발을 데우는 난로를 이으면 삼각형 구도가 만들어진다.

하녀나 부엌을 그린 그림들은 17세기 네덜란드 화가들의 작품에서 쉽게 찾아볼 수 있다. 예를 들면, 페르메이르와 동시대 화가인 니콜라스 마스는 1655년에 〈게으른 종복〉이라는 작품을 그렸다. 주인이 들어온 줄도 모르고 부엌에 앉아 졸고 있는 하녀를 그린 그림이다. 사실 네덜란드 화가들이 하녀보다 더 좋아한 주제는 '부엌'이었다. 부엌을 그리게 되면 부엌에 저장되어 있는 오리나 닭, 토끼, 가재, 과일 등 오만 가지 요리 재료를 함께 그릴 수 있기 때문이었다. 1630년경 암스테르담에서 활동했던 이름 모를 화가가 그린 〈부엌의 하녀〉라는 작품을 보면 토끼, 백조, 각종 생선 등 선반과 부뚜막을 가득 채우고 있는 요리 재료들을 볼 수 있다. 이런 그림에 비하면 페르메이르의 부엌은 아무것도 없다 못해 적막하기까지 하다.

동시대 화가들이 부엌을 어떤 방식으로 그리는지 페르메이르가 몰랐을 리가 없다. 그는 요리 도구와 재료 등을 모두 치우고 부엌을 텅 비움으로써 '고요한 공간'을 만들어냈다. 관객은 자연스럽게 그림의 한가운데를 채우고 있는 하녀에게 집중하게 된다. 이 그림에서 페르메이르가 빛을 다루는 솜씨는 마술에 가깝다. 우리가 보기에 그림의 왼편, 하녀의 오른쪽 어깨와 팔 부분은 눈부신 햇빛을 받아 금방이라도 시야에서 사라질 듯 환하다. 특히 하녀의 이마가 희게 빛나고 있는데 그림의 창을 보면 위에서 두 번째 창살 부분에 젖빛 유리가 깨져 조그맣게 구멍이 나 있다. 부엌으로 비쳐 들어오는 아침 햇빛은 반투명한 젖빛 유리로 인해 원래의 빛보다 상당히 부드러워진 상태다. 오직 하녀의 이마에만 깨진 유리창을 통해 강렬한 빛이 들어오고 있다.

'하녀'라는 직업의 고단함을 말해주듯 그림 속 처녀의 팔은 팔뚝 중간 부분부터 눈에 띄게 희어진다. 그녀는 손을 찬물에 담그거나 아니면 팔을 걷어붙이고 바깥에서 일을 하며 하루하루를 보내고 있는 것이다. 남자처럼 벌어진 어깨도 페르메이르의 다른 그림에 등장하는 가녀린 아가씨들과는 천지 차이다. 그러나 동시에 그녀는 아름답고 성스러워 보이기까지 한다. 이 '성스러움'은 그녀의 앞치마가 보통 성모의 푸른 망토를 칠할 때 사용하는 라피스라줄리로 칠해졌기 때문만은 아니다. 페르메이르는 그림의 시점을 교묘하게 조절할 줄 아는 화가였다. 〈델프트 풍경〉에서는 하늘에서 내려다본 듯이 그림의 시점을 높게 끌어올리더니 〈우유를 따르는 하녀〉에서는 그림의 시점을 낮추었다. 화가의 시점은 최소한 하녀의 어깨 밑으로 내려와 있다. 그래서 우리는 저절로 이 처녀를 올려다보는 듯

1. **니콜라스 마스**, 〈**게으른 종복**〉 목판에 유채, 70×53.3cm, 1655, 내셔널갤러리, 런던

2. **작가 미상**, 〈**부엌의 하녀**〉

캔버스에 유채, 127×153cm, 1630~1639, 네덜란드 국립미술관, 암스테르담

한 느낌을 받게 된다.

처녀의 시선은 우리를 바라보지 않는다. 그녀는 지금 자신이 따르는 우유를 보느라 시선을 밑으로 내리깔고 있다. 한 손으로 우유 단지의 손잡이를 붙들고 다른 손으로는 그 단지를 받쳐 들고 있다. 비록 세간의 존경을 받는 일도 많은 돈을 벌 수 있는 일도 아니지만, 그녀는 자신에게 주어진 직분에 최선을 다하는 중이다. 그런 그녀를 축복하듯 밝은 아침 햇살이 비쳐 들어와 그녀의 이마를 어루만진다. '천국은 이처럼 근면한 자들의 것이다'라는 신의 목소리처럼 말이다.

그림의 뒤편, 부엌의 흰 벽은 '비어 있다'. 페르메이르의 그림들 중, 왼편에 창이 배치된 방에서 그림의 배경은 자연스럽게 뒤편의 벽이 된다. 이 벽에는 지도든 그림이든 간에 늘 무언가가 걸려 있다. 왼편에 창이 있는 그림 중에 뒷벽이 비어 있는 경우는 〈우유를 따르는 하녀〉 외에 〈진주 목걸이〉 정도밖에 없다. 이 흰 벽은 〈우유를 따르는 하녀〉를 빛나게 만드는 또 하나의 요소다. 벽은 비어 있는 듯하지만 사실 비어 있지 않다. 우선 하녀의 좌우 어깨를 비교해보면 빛과 그늘이 확연히 다르게 그려져 있다. 우리가 볼 때 오른쪽, 그러니까 하녀의 왼쪽 어깨와 팔, 엉덩이 부분은 그늘이 되어서 흰 벽에 선명한 윤곽선을 만들어주고 있다.

초창기 그림에서 알 수 있듯이 페르메이르는 카라바조의 키아로스쿠로 기법을 알고 있었다. 혼토르스트를 비롯한 여러 네덜란드 화가들은 빛과 어둠을 극명하게 대비시켜 그림에 극적인 효과를 주는 키아로스쿠로 기법을 적극 활용했다. 페르메이르도 〈우유를 따르는 하녀〉에서 빛과 그늘을 대비시키고 있다. 그러나 그는 강렬함을 더하기 위해서가 아니라, 고요하고 평온한 분위기를 자아내기 위해 빛을 이용한다. 그림의 왼편, 짚으로 짠 바구니와 놋쇠 주전자가 걸린 창 옆 벽은 환한 창에 비하면 어둡게 보인다. 그 어둠 속에서도 반짝거리도록 닦여 있는 주전자는 다시 한번 이 처녀의 부지런한 성정을 일깨워준다.

벽과 처녀의 대비도 마찬가지다. 그림에서 벽은 그저 하얀 벽이 아니다. 왼편의 창 옆은 어둡고 오른편으로 갈수록 빛을 받으며 벽은 밝게 빛난다. 그림의 주인공인 처녀는 반대다. 몸의 오른쪽(우리의 시선으로는 왼쪽)은 빛을 받아 환하고 왼쪽 팔과 등 부분은 강렬한 빛 때문에 상대적으로 어둡다. 그래서 처녀의 실루엣은 흰 벽에 분명히 대비된다. 그녀의 머리 뒤쪽 벽이 가장 밝다는 것은 무엇을 의미하는가? 이 빛나는 흰 벽은 성인의 머리 뒤에 보이는 후광 같지 않은가? 성모 마리아를 떠올린다면 지나친 억측일까? 아무튼 확실한 점은 화가가 이 그림에서 고요하고도 치밀한 방식으로 빛과 그늘의 드라마를 만들어냈다는 점이다. 그 드라마는 카라바조의 그림처럼 강렬하지 않고 대신 부드럽고 온화하다. 흰 벽은 이 드라마를 실현하기 위한 최상의 배경 역할을 하고 있다. 그림이든 지도든 간에 무언가가 벽에 걸려 있었다면, 빛은 이토록 세밀하게 작용하며 고요한 아름다움을 자아내지 못했을 것이다.

그런데 페르메이르는 이 벽이 실은 빛의 아름다움을 극대화시키는 장치라는 사실을 숨기려 한다. 벽에는 못이 박혀 있거나, 못을 뺀 구멍이 여기저기 그려져 있다. 바닥 가까이에는 세월의 흔적인 얼룩과 때가 보인다. 바닥과 벽 사이 걸레받이 부분에는 델프트 타일이 붙어 있는데 역시 오래된 듯 지저분하다. 이 벽은 빛과 그늘이 만들어낸 놀라운 드라마의 현장일 뿐만 아니라 그저 평범한 여염집의 부엌, 초라한 부엌의 한 부분이기도 하다. '마법처럼 반짝거리는 그림'인 동시에 '일상에 가장 가까운 장소와 평범한 여자를 그린 그림'이라는 점이 〈우유를 따르는 하녀〉의 경이로운 면모다.

놀라움은 여기서 그치지 않는다. 처녀가 준비하고 있는 아침 식탁을 한번 보자. 초록색 천이 깔린 테이블 위에 우유 그릇, 빵 바구니, 한 덩어리의 빵과 반쯤 부스러진 빵조각들, 푸른 자기 등이 놓여 있다. 그리 고급스럽지 않은 푸른 자기는 델프트 장인들이 대강 만들어 저렴하게 팔던 물건이었을 것이다. 햇빛을 받아 반짝거리는 푸른 단지를 자세히 보면 화가가 단지의 몸체 위에 흰 점을 규칙적으로 찍어 둥그런 입체감을 내는 데에 성공했다는 사실을 알 수 있다. 우리의 눈은 흰 점이 찍힌 부분을 앞으로 돌출되어 보이게 인식한다. 〈뚜쟁이〉에서 동전의 입체감을 낸 것과 마찬가지 이치다.

테이블 위에 놓인 빵과 바구니, 자기 등은 모두 그림에서 가장 환한 빛을 받고 있는 부분들이다. 페르메이르는 눈부신 빛을 바라보면 사물들이 선명하게 보이지 않는다는 사실을 알고 있었다. 그림의 다른 부분들에 비해 테이블 위의 사물들은 짧은 붓터치로, 마치 점묘법처럼 그려졌다. 이런 기법은 당대의 다른 화가들에게는 볼 수 없는 혁신이다(점묘법은 조르주 쇠라에 의해 19세기 후반에야 등장했다). 플랑드르 화파의 전통을 이어받은 네덜란드 화가들은 그림의 모든 요소들을 예외 없이 치밀하고 사실적으로 그렸다. 〈우유를 따

〈우유를 따르는 하녀〉의 테이블 부분 확대 이미지

햇빛을 받은 빵 바구니의 손잡이에 페르메이르 특유의 '빛의 방울'들이 점점이 찍혀 있다. 그 때문에 관람객은 이 부분이 반짝거린다는 인상을 받게 된다.

르는 하녀〉에서 페르메이르는 이러한 전통에 조용히 반기를 든다. 화가는 빛을 받은 부분과 그늘에 들어가 있는 부분, 또 빛과 그늘이 대조를 이루고 있는 부분들을 모두 다르게 그렸으나 그 '다름'은 너무나 자연스러워서 인식하기조차 쉽지 않다. 이런 모든 요소들이 합쳐져 이 작은 그림, 평범한 주제를 그린 그림을 보석처럼 빛나게 만들고 있다.

〈우유를 따르는 하녀〉의 모델인 처녀는 정말로 하녀였을까? 페르메이르의 집에는 마리아 틴스가 고용한 타네커 에베르풀Tanneke Everpoel이란 이름의 하녀가 있었다. 워낙 식구가 많았기 때문에 하녀의 도움 없이는 집안 살림을 꾸려나가기 어려웠을 것이다. 페르메이르의 그림 〈진주 귀고리 소녀〉를 둘러싼 이야기를 다룬 소설 『진주 귀고리 소녀』에는 페르메이르의 집에 고용된 처녀 두 명이 등장한다. 이 중 나이 많은 하녀인 타네커가 신입 하녀 그리트에게 "주인어른이 일전에 나를 모델로 그림을 그렸어"라고 으스대는 장면이 나온다. 정말로 타네커가 〈우유를 따르는 하녀〉의 모델이었을지도 모른다. 실제 여러 연구자들은 타네커를 이 그림의 모델로 추측하고 있다.

타네커 같은 하녀들은 어린아이들의 치다꺼리부터 시작해 식사 준비와 설거지, 빨래, 청소 등을 도맡아 해야 했다. 그녀들의 일과는 무척이나 고되었을 게 분명하다. 고단한 일상도 이처럼 반짝이며 빛날 수 있다는 사실이 그림을 보는 우리를 위로한다. 페르메이르의 여느 그림들과 마찬가지로, 우리는 이 아침의 고요함 속에서 수많은 이야기를 들을 수 있다. 그 이야기는 조용하고 나직하지만 동시에 지워지지 않는 깊은 울림을 남긴다.

〈레이스를 뜨는 여자〉

17세기 네덜란드 화가들의 장르는 현대의 화가들 이상으로 세분화되어 있었다. 초상화, 풍경화, 정물화, 풍속화 등으로 나뉜 장르가 커다란 구분이라면, 각 장르 안에서 화가들은 자신이 가장 잘 그릴 수 있는 주제를 다시 선택했다. 예를 들면 풍경화라고 해도 바다 풍경을 전문으로 그리는 화가와 농촌 풍경을 그리는 화가가 나뉘어 있었다. 페르메이르의 장르는 풍속화 안에서도 실내 풍속화, 그중에서 다시 '유복한 시민 가정의 젊은 여자'를 담은 풍속화였다. 남아 있는 페르메이르의 그림들을 보면 작품의 배경이 된 실내는 하나같이 중상류층 가정의 집이고 등장인물은 결혼하지 않았거나, 아니면 아직 아이를 낳지 않은 듯한 부인이다. 페르메이르와 함께 델프트에서 활동했던 피터르 더 호흐 역시 풍속화 전문 화가였지만 그의 그림에는 주로 아이와 함께 있는 주부가 등장한다. 이렇게 풍속화라는 장르 안에서도 화가들의 전문 영역은 세밀하게 구분되었다. 화가들의 입장에서도 자신이 가장 잘 그리는 주제에만 집중하는 편이 그림을 사는 불특정 다수의 시민계층에게 어필하는 데 더 유리했다.

중상류층 가정의 딸들을 주된 주제로 삼았기 때문에 페르메이르의 그림에서 일하는 여자는 잘 등장하지 않는다. 그의 그림 속 여성들은 대부분 편지를 읽거나 악기를 연주하거나 또는 와인을 마시고 있다. 〈우유를 따르는 하녀〉는 여러모로 페르메이르의 그림들 중 독특한 위치를 차지하고 있는 셈이다. 〈우유를 따르는 하녀〉가 완성된 지 10년이 지나서야 페르메이르는 일하는 여자를 한 번 더 그렸다. 1669년에서 1670년 사이에 완성된 〈레이스를 뜨는 여자〉가 그 주인공이다.

루브르 박물관에 소장되어 있는 〈레이스를 뜨는 여자〉는 페르메이르의 그림 중에서도 유난히 작은 작품이다. 그림의 크기는 23.9×20.5센티미터에 불과하다. 1696년, 페르메이르의 그림 20여 점이 암스테르담에서 경매에 부쳐졌을 때 이 그림도 함께 등장했다. 당시 개인 소장자에게 팔렸다가 1870년에 루브르 박물관 측에서 구입하면서 페르메이르의 작품 중에는 드물게 프랑스로 넘어갔다. 루브르 박물관은 이 작품과 함께 1668년 작인 〈천문학자〉도 함께 소장하고 있다.

작은 사이즈 때문이겠지만 〈레이스를 뜨는 여자〉는 별다른 배경이 없다. 바늘을 들고 레이스를 뜨는 여자의 얼굴과 상반신만 클로즈업하듯이 그린 작품이다. 레이스 뜨기는 플랑드르 지역, 특히 오늘날의 벨기에 지역에서 오래 이어져 내려온 전통이다. 현재도 수제 레이스는 초콜릿과 함께 벨기에의 특산물로 유명하다. 페르메이르가 살았던 델프트에서는 각종 직물 산업이 흥했고 아버지가 직물 장인이었으니 레이스를 뜨는 여성은 페르메이르가 늘 볼 수 있는 소재였을 것이다.

〈레이스를 뜨는 여자〉의 구도는 〈우유를 따르는 하녀〉와 엇비슷한 구석이 있다. 그림은 레이스를 뜨는 데 열중하는 처녀의 얼굴과

〈레이스를 뜨는 여자〉 캔버스에 유채, 23.9×20.5cm, 1669~1670, 루브르 박물관, 파리
여자의 손동작만으로는 그녀가 무슨 일을 하고 있는지 잘 알 수 없다. 페르메이르는 그림의 전
면에 색색가지 실과 쿠션 등을 대담하게 흩어 놓아 지금 그녀가 레이스를 뜨고 있다는 사실
을 보는 이로 하여금 짐작하게 만든다. 처녀는 누군가가 보고 있어도 알아채지 못할 정도로
레이스 뜨기에 열중해 있다.

손만 보여준다. 처녀는 고개를 숙인 채 두 손으로 바늘과 천을 붙들고 한창 레이스를 뜨고 있다. 관찰자인 우리는 처녀의 방에 들어가 그녀 앞으로 바짝 다가선 듯한 느낌을 받는다. 그러나 처녀는 우리가 방 안에 들어온 것을 눈치채지 못한다. 그녀는 〈우유를 따르는 하녀〉처럼 지금 자신의 일에 깊이 빠져들어 있다. 일에 집중하기 위해 처녀는 몸을 앞으로 기울이고 얼굴을 바늘 앞으로 바짝 가져다 댄 상태다.

방 안은 고요하고 환하다. 페르메이르의 그림치고는 이례적으로 빛은 왼편이 아니라 오른편에 있는 창을 통해 들어온다. 처녀의 이마와 어깨, 바늘을 쥔 손가락이 환히 빛난다. 반대로 왼편에는 그늘이 져 있다. 빛과 그늘의 온화한 대비가 흰 벽 앞에 서 있는 〈우유를 따르는 하녀〉의 주인공을 연상시키지만, 이 처녀는 〈우유를 따르는 하녀〉처럼 낮은 신분의 여성은 아닌 듯싶다. 그녀는 레이스가 목에 덧대어진 노란 상의를 입었고 머리에 실로 짠 캡을 썼으며 나머지 머리카락은 양 옆으로 내려서 묶었다. 처녀는 바늘을 옮기면서 고개를 조금씩 갸웃거릴 듯싶고 그 움직임에 따라 곱슬거리는 머리타래도 함께 까딱거리며 흔들릴 것이다. 레이스 수틀을 놓은 탁자의 놋쇠 기둥이 빛을 받아 처녀의 손가락과 함께 반짝이고 있다.

〈우유를 따르는 하녀〉와는 다른 종류의 노동이기는 하나, 이 처녀 역시 자신의 일에 집중하고 있다. 그림은 그녀의 신실함과 근면함을 표현하는 데 집중한다. 그림의 관찰자인 우리는 처녀의 방에 들어가서 그녀가 일하는 모습을 바라보고 있지만 음습한 느낌은 전혀 들지 않는다. 오히려 우리는 그녀의 근면하고 성실한 일상에 동참하고 있는 듯한 인상을 받는다.

처녀의 손 아래 놓인 수틀이 보이지 않기 때문에 우리는 처녀의 모습만으로는 무엇을 하고 있는지 정확히 알 수가 없다. 처녀의 모습이 노동의 신성함을 보여준다면, 그림의 전면에 바짝 다가서 있는 테이블은 그림의 내용을 설명해주는 단서 역할을 한다. 화려한 카펫이 깔려 있는 테이블을 통해 우리는 이 집이 중산층 정도의 살림 규모라는 점을 알 수 있다. 화가는 테이블 위에 푸른 쿠션, 바늘, 실 등을 흩어놓아서 처녀가 하는 일이 실과 바늘, 쿠션을 써야 하는 일, 즉 레이스를 뜨는 일임을 알려준다. 테이블 위에 놓인 사물들을 그린 솜씨가 뜻밖에도 과감하다. 흰색과 붉은색의 실들이 대담하게 흐트러져 있다. 은근한 광택을 내는 듯하게 처리한 붉은색 실의 묘사는 인상파 화가들을 떠올리게 만드는 구석마저 있다. 전경에 있는 테이블은 화려하지만 어둡게, 그리고 그보다 조금 더 뒤에 있는 처녀는 환한 빛 속에 들어가도록 만든 배치는 이제 우리 눈에 낯익게 보인다. 페르메이르가 초창기에 〈뚜쟁이〉나 〈열린 창 앞에서 편지를 읽는 여자〉를 그릴 때부터 자주 사용해온 기법이다.

페르메이르의 그림은 늘 우리에게 어떤 이야기를 들려준다. 〈레이스를 뜨는 여자〉에 담긴 이야기는 무엇일까? 결정적인 단서는 쿠션 옆에 놓인 두툼한 책이다. 파란 쿠션과 대비되는 노란색으로 칠해진 이 책은 기도서나 성서일 것이다. 화가는 이 그림을 통해 '노동은 신의 섭리를 따르는 신성한 일'이라는 이야기를 하려 했을까? 물론 이 책은 종교와 아무 연관 없는 책, 예를 들면 레이스 패턴을 모아놓은 책일 수도 있다. 1500년대 중반에 이미 다양한 레이스 패턴을 소개한 책이 플랑드르 지역에서 출판되었다고 한다. 그림 속 처녀가 전문적으로 레이스를 뜨는 일을 하고 있다면 그녀는 당연히 이러한 패턴집을 참고해가며 작업을 해나갔을 것이다. 두툼한 책에는 성서나 기도서임을 암시하는 어떤 표지도 보이지 않는다.

다른 그림들에서와 마찬가지로 페르메이르는 〈레이스를 뜨는 여자〉에서도 정답을 제시해주지 않는다. 일하는 여성의 모습은 온화한 빛을 받아 부드럽게 빛나고, 일상은 이렇게 반짝이며 지나가고 있을 뿐이다. 어쩌면 이 그림이 들려주는 이야기는 종교적인 교훈과는 상관이 없는지도 모른다. '아름다움은 그리 먼 데 있지 않다'는, 지극히 이 화가다운 결론이 그림의 정답일지도 모르겠다.

하녀 ― 사랑의 메신저

현재 남아 있는 페르메이르의 그림 35점 중에 하녀, 또는 하녀로 보이는 여성이 등장하는 작품은 모두 다섯 점이다. 〈우유를 따르는 하녀〉와 초기작인 〈잠든 하녀〉, 이 두 작품에는 하녀 한 명이 그림의 유일한 등장인물이고 나머지 세 점에서는 주인 아가씨와 하녀 두 사람이 등장한다. 이 세 점에는 하녀와 주인 아가씨라는 등장인물의 공통점 외에 또 다른 중요한 공통분모가 있다. 바로 '편지'다. 17세기 네덜란드 풍속화에서 편지는 상당히 인기 있는 주제였다. 내면의 규율이 몹시 엄했던 칼뱅파 사회에서 풍속화가들은 사랑을 주제로 한 그림을 그리기 쉽지 않았다. 당대 다른 지역의 화가들, 예를 들어 루벤스는 그리스 신화 속 주제를 빌려와 누드의 남녀가 대담한 사랑을 나누는 장면도 얼마든지 그릴 수 있었지만 엄격한 네덜란드 사회는 그런 그림들을 허용하지 않았다. 풍속화에서 가장 인기 있는 주제는 당연히 사랑이었지만 화가들은 정작 사랑을 나누는 남녀를 그림에 등장시킬 수는 없었던 것이다.

화가들은 이 난관을 '편지'로 해결하기로 했다. 사랑이나 연애를 주제로 한 네덜란드 풍속화 중 많은 수가 남자가 편지를 쓰고, 여자가 편지를 받거나 읽는 장면을 그리고 있다. 보통 이 그림들은 남자와 여자를 한 그림에 그리지 않는다. 페르메이르와 동시대 화가인 하브릴 메추의 〈편지 쓰는 남자〉와 〈편지 읽는 여자〉가 좋은 예다. 실내 장식과 의상으로 보아 상류층 시민인 듯한 두 남녀는 하나같이 차분한 표정을 지은 채 각기 편지를 쓰거나, 아니면 받은 편지를 읽고 있다. 언뜻 보아 이 그림은 남녀 간의 연애 감정을 담은 작품처럼 보이지 않는다. 은빛 잉크병에 펜을 담가가며 편지를 쓰는 남자나, 쿠션을 무릎 위에 올려놓은 채 편지지를 햇빛 쪽으로 기울여서 읽고 있는 여자나 감정의 흔들림은 조금도 보이지 않는다. 그러나 그것은 눈속임일 뿐이다. 이 그림들의 주제는 남녀의 사랑, 그것도 아주 격렬하게 불타는 사랑이다.

남자와 여자의 방에는 모두 그림이 걸려 있다. 남자의 방에는 염소를 그린 그림이 비둘기가 조각된 액자에 담긴 채로 걸려 있다. 비둘기와 염소의 수컷은 모두 왕성한 성욕을 자랑한다. 지금 남자는 차분한 표정으로 편지를 쓰고 있지만 그의 마음 밑바닥에 가라앉은 감정은 뜨겁게 이글거린다. 여자의 방은 또 어떤가. 이 그림에서

1 2

1. 하브릴 메추, 〈편지 쓰는 남자〉

목판에 유채, 52.5×40.2cm, 1664~1666, 아일랜드 국립미술관, 더블린

2. 하브릴 메추, 〈편지 읽는 여자〉

목판에 유채, 52.5×40.2cm, 1664~1666, 아일랜드 국립미술관, 더블린

편지를 쓰는 남자와 읽는 여자 모두 차분해 보이는 얼굴이지만 그들의 마음속에는 사랑과 욕
망의 파도가 거세게 물결치고 있다. 두 그림 모두 '그림 속 그림'이 등장인물의 심경을 읽을 수
있는 단서를 제공해준다.

는 아가씨보다도 그림을 가린 커튼을 막 젖히고 있는 하녀의 동작에 주목할 필요가 있다. 하녀가 아가씨 눈에 보여주려 하는 그림은 사납게 폭풍우 치는 바다를 묘사한 작품이다. 하녀는 왜 하필 이 그림을 아가씨 눈에 띄게 하려 하는 것일까? 곧 난파할 배처럼, 지금 자신의 주인 아가씨가 빠져 있는 남자는 위험한 상대라는 메시지를 전하려 하는 게 아닐까? 아가씨는 금실로 수가 놓인 오렌지색 치마에 노란 웃옷을 입고 귀고리를 걸었다. 이 아가씨는 좋은 집안에서 자라나 세상 물정을 영 모르고 남자 보는 눈도 없는 순진한 여자임이 분명하다. 그런 주인 아가씨보다 하녀가 상황을 더 객관적으로 파악하고 있는 것이다.

메추의 그림에서 알 수 있듯이, 연애하는 남녀가 편지를 쓰고 받으려면 중간에 그 편지를 전달하는 이가 꼭 필요했다. 여기서 보통 아가씨 집안의 하녀가 사랑의 메신저로 등장한다. 그리고 그녀들은 사랑에 빠져 상대를 제대로 보지 못하고 허둥거리는 주인 아가씨들보다 한결 더 현명하다. 페르메이르가 그린 세 점의 편지 그림 중 두 점은 불안해하는 아가씨를 다독거리는 듯한 표정으로 편지를 전하는 하녀를 보여준다. 이 하녀는 자신의 주인 아가씨뿐만 아니라 연애 상대도 잘 아는 듯한 표정이다. 그녀는 사랑의 파도에 휩쓸려서 중심을 잡지 못하고 이리저리 뒤흔들리는 아가씨의 감정을 잘 알고 있다. 여유만만한 하녀의 표정을 보며 아가씨들은 마음속의 불안감을 조금이나마 잊을 듯싶다.

편지와 하녀를 주제로 한 페르메이르의 그림 중 내가 꼽는 최고의 걸작은 더블린의 아일랜드 국립미술관이 소장하고 있는 〈편지

를 쓰는 여인과 하녀〉다. 사실 2019년 2월 뒤늦게 오사카에 간 이유 중의 하나는 이 그림을 보기 위해서였다. 내밀함, 일상의 아름다움, 마법과 같은 빛, 색유리가 끼워진 창, 아직 서툴지만 젊음 자체로 빛나는 여성들, 사랑이라는 감정의 설렘 등 페르메이르의 작품이 가지고 있는 장점들이 이 그림에 모두 모여 있다 해도 과언이 아니다. 무엇보다 이 그림에서 페르메이르가 들려주는 이야기는 너무나 절묘하다.

〈편지를 쓰는 여인과 하녀〉의 두 여자는 각기 자기 세계에 오롯이 빠져들어 있다. 책상에 앉아 글을 쓰는 여자는 연인에게 보내는 편지를 쓰는 중인 것 같다. 그녀는 편지지를 왼손으로 누르고 오른손으로 정성을 다해 또박또박 글을 써 내려간다. 여자의 흰 블라우스와 모자가 환히 빛나는 건 비단 창으로 들어오는 봄 햇살 때문만은 아니다. 흰 벽에는 '그림 속 그림'치고는 이례적일 정도로 큰 그림이 걸려 있다. 벽을 다 채우다시피 한 그림의 크기 때문에 관람객들은 자연히 이 '그림 속 그림'의 장면을 살펴보게 된다. 여기에는 『구약성서』의 한 장면, 이집트의 공주가 아기 모세를 바구니에서 건져내는 장면이 담겨 있다. 나일강에 떠내려가던 모세가 운명처럼

〈편지를 쓰는 여인과 하녀〉 캔버스에 유채, 71.1×60.5cm, 1671, 아일랜드 국립미술관, 더블린
자신의 사랑에 대한 확신이 편지를 쓰는 여인을 이토록 빛나게 하는 것일까? 벽을 거의 차지하다시피 하는 '그림 속 그림'은 이집트 공주가 아기 모세를 담은 바구니를 나일강에서 건져올리는 장면을 담고 있다. 민족의 구원자가 될 모세의 운명처럼, 이 편지를 주고받는 남녀 역시 운명으로 굳게 맺어져 있는지도 모른다. 색유리가 끼워진 창으로 무심하도록 환한 봄의 햇살이 들어온다.

〈**여인과 하녀**〉 캔버스에 유채, 90.2×78.7cm, 1666~1667, 프릭컬렉션, 뉴욕

머리를 곱게 장식하고 귀고리를 단 여인이 하녀에게 모종의 전갈을 받고 있다. 그녀는 무언가를 물어보고 싶은 눈치다. 우리는 하녀의 여유로운 표정에서 그 질문과 대답의 내용을 짐작할 수 있을 뿐이다.

이집트의 공주를 만나 목숨을 건졌듯이, 편지를 쓰는 아가씨는 자신과 연인 역시 운명으로 맺어진 사이라고 굳게 믿고 있다. 이 사랑에 대한 확신으로 그녀는 보석처럼 환히 빛나고 있다.

아가씨 뒤에 서 있는 하녀는 두 연인 사이 사랑의 전령사 역할을 할 참이다. 이제 곧 아가씨는 곱게 접은 편지를 주면서 연인에게 전해주기를 부탁할 것이다. 편지 쓰기에 몰두한 처녀와는 별개로 하녀는 창으로 들어오는 봄볕을 바라보며 자신만의 상념에 빠져 있다. 젖빛 유리창에서 들어온 온화한 빛이 크지 않은 방 안과 그 빛 속에 있는 두 여성을 부드럽게 감싼다. 빛의 색깔처럼 반투명한 크림색 커튼이 창을 반쯤 가리고 있고 그림의 전면에도 침착한 느낌의 녹색 커튼이 걸려 있다. 우리는 이 전면의 녹색 커튼을 막 젖히고 350년의 시간을 뛰어넘어 17세기 네덜란드의 검소한, 그러나 기품 있는 여염집의 방으로 들어서는 듯한 느낌을 받는다. 그리고 '그림 속 그림'이 보여주듯 이 아가씨의 상대가 정말로 운명으로 맺어진 사랑이기를, 두 사람의 진심이 서로에게 가닿기를 우리 자신도 모르게 기원하게 되는 것이다.

암스테르담으로 이주한 화가들

페르메이르의 작품 중에서 드물게 일하는 여성을 주제로 삼은 〈우유를 따르는 하녀〉가 암스테르담의 국립미술관에 소장되어 있는 것은 여러모로 의미심장하다는 생각이 들었다. 비바람 속에서

씩씩하게 자전거를 타고 출퇴근하는 여성들, 남자 경찰과 똑같은 제복을 입고 일하는 당당한 여자 경찰들은 암스테르담에서 늘 마주치게 되는 모습이다. 수많은 운하와 그 운하 옆에 다닥다닥 붙여서 지어진 카날 하우스들은 암스테르담을 동화 속 도시처럼 보이게 한다. 그러나 정작 이 도시를 짓고 부흥시킨 사람은 남녀를 가리지 않고 꿋꿋하게 일하는 건강한 시민들이다.

페르메이르는 암스테르담에 살고 싶지 않았을까? 그는 자신의 사업인 그림 거래를 위해 몇 번 암스테르담을 오간 적이 있었다. 1650년대 중반부터 델프트에서 그림 판매가 시들해지면서 델프트에 기반을 두었던 여러 화가들이 암스테르담으로 이주하기 시작했다. 페르메이르 당시의 암스테르담은 유럽에서 가장 번화한 도시들 중 하나이자 그림의 수요가 제일 많았던 도시였다. 페르메이르의 동료였던 피터르 더 호흐는 1660년 델프트를 떠나 암스테르담으로 갔다. 〈편지 쓰는 남자〉와 〈편지 읽는 여자〉를 그린 하브릴 메추 역시 1650년대에 고향인 레이던을 떠나 암스테르담에서 승부를 걸었다. 그러나 페르메이르는 그런 선택을 하지 않았다. 자신이 처한 상황에 큰 불만이 없었을 수도 있고, 어린아이들을 데리고 낯선 도시에 새로이 정착할 자신이 없었을지도 모른다. 페르메이르 일가는 1660년부터 장모의 집에서, 아니면 장모의 집 근처에서 살고 있었다.

틴스의 입장에서도 사위인 페르메이르가 곁에 있는 편이 나았다. 틴스는 폭력적인 성향을 가지고 있었던 남편 라이니르 볼너스와 일찌감치 헤어졌는데 아들 빌럼이 아버지의 나쁜 성향을 이어받아 자주 말썽을 일으켰다. 방탕한 생활을 하던 빌럼은 어머니와 누이 카타리나를 협박해 돈을 받아내려 했고 결국 이 사건은 어머니 틴스가 아들을 고소하는 사태로 커졌다. 1661년, 빌럼은 페르메이르가 없는 사이에 집에 들어와 임신한 카타리나와 아이들을 때렸고 틴스에게 칼을 들이대며 돈을 내놓으라고 위협했다. 이웃의 신고로 빌럼은 교화소로 끌려갔고 1676년 사망할 때까지 나오지 못했다. 이런 공식 기록들 속에서 페르메이르의 이름은 등장하지 않지만, 아무튼 페르메이르의 집에서 달갑지 않은 소동이 일어났던 것만은 분명하다.

애당초 페르메이르와 카타리나가 결혼할 때 틴스는 사윗감을 그리 탐탁지 않게 여겼다. 두 집안 사이의 계층과 종교 차이 때문이었다. 그러나 페르메이르는 결혼을 위해 장모가 원하는 대로 가톨릭으로 개종했고 성 루가 길드에 들어가 열심히 일해서 서른 살이라는 젊은 나이에 길드 대표까지 맡았다. 페르메이르는 1611년 델프트 성 루가 길드가 결성된 이래 최연소 대표였다. 틴스에게는 골칫덩어리 아들보다 차라리 사위 페르메이르가 더 아들 같은 존재였을 수 있다. 페르메이르 부부는 큰딸에게 외할머니와 같은 이름인 '마리아'를 붙여주었고 둘째 딸은 틴스의 여동생 이름을 따 엘리사베트라고 지었다. 사위와 장모, 페르메이르와 마리아 틴스는 각별히 가까운 사이였던 게 분명하다.

이런 주위 사정들이 페르메이르를 메추나 호흐처럼 큰 도시에서 모험을 걸기보다는 델프트에 안주하도록 만들었을 것이다. 페르메이르는 1662년, 1670년 두 번에 걸쳐 2년 임기의 델프트 성 루가 길드 대표로 선출되었다. 델프트 성 루가 길드는 2년에 한 번씩 여섯 명의 대표를 선출했고 그 여섯 명은 각기 화가 두 명, 유리 장인 두 명, 도자기 장인 두 명으로 구성되었다. 그러나 두 번이나 대표로 선출된 데 큰 의미를 부여할 필요가 없다는 주장도 있다. 특히 1670년 에는 이름 있는 화가들 대부분이 이미 델프트를 떠난 뒤라 대표를 맡을 만한 인물이 거의 없는 상태였다.

1663년, 미술에 관심이 많았던 프랑스 외교관 발타사르 드 몽코니Balthasar de Monconys가 그림을 사기 위해 암스테르담, 레이던, 델프트 등을 돌며 화가들의 스튜디오를 방문했다. 몽코니가 남긴 이 여정의 기록 중에 페르메이르의 이름이 등장한다. 페르메이르의 스튜디오에 완성된 작품이 하나도 없어서 그의 후원자인 빵가게 주인의 집에 가서 그림을 한 장 보았다고 한다. 몽코니는 이때 본 그림의 제목은 적어두지 않았지만 "등장인물 한 명만 나오는 그림인데 가격이 600리브르나 했다"라고 썼다. 이 빵가게 주인은 페르메이르의 그림을 가끔 사던 후원자 헨드릭 판 바위턴Hendrik van Buyten이다. 판 바위턴의 집에 있던, '등장인물 한 명만 나오는 그림'이 어떤 작품인지는 알 길이 없다. 600리브르면 당시 그림치고는 상당히 비싼 가격이었다.

페르메이르는 암스테르담까지 명성을 떨치는 화가는 아니었으나 최소한 델프트 안에서는 안정적인 생활을 할 수 있는 기반이 마련되어 있었다. 그의 작품을 중점적으로 사주는 후원자들, 특히 선금을 걸고 그림을 샀던 판 라위번이 있어서 그림의 판로에도 큰 문제가 없었다. 1660년대에 페르메이르의 연 수입은 자신의 그림을 판 돈과 틴스에게 받은 돈을 합해 대략 850휠던에서 1500휠던 사이였다. 숙련된 노동자 한 명의 연 수입이 500휠던 내외일 때였다.

그러나 그의 앞에 놓인 운명은 그리 호락호락하지 않았다. 행운도 마찬가지지만 불운 역시 그 누구도 예기치 못하는 상황에서 닥쳐온다. 그런 불운이 페르메이르의 앞으로 빠르게 다가오고 있었다. 불행 중 다행이랄까, 페르메이르는 이 불운으로 쓰러지기 전에 두 점의 걸작을 완성했다. 이제 우리는 그 두 걸작 중의 하나, '북구의 모나리자'로 불리는 〈진주 귀고리 소녀〉를 보기 위해 암스테르담을 떠나 헤이그로 갈 것이다.

황금시대의 슈퍼스타, 렘브란트 하르먼스 판 레인

네덜란드 국립미술관의 '영광의 전시관'은 다른 전시실 다섯 개를 합한 긴 길이의 전시장이다. 이 전시관의 맨 마지막을 장식하는 그림은 렘브란트가 1642년에 완성한 〈야경〉이다. 〈야경〉은 363×437센티미터의 거대한 집단초상화로 정식 명칭은 〈프란스 바닝 코크 대장의 민병대 초상〉이다. 부유한 자유 시민들로 구성된 이 민병대는 1640년 말, 렘브란트에게 집단초상을 의뢰했다. 그림 가격은 1600휠던이었으며 주역으로 등장하는 인물 열여섯 명이 100휠던씩 추렴해서 화가에게 작품 가격을 내기로 했다. 실제 그림에 등장하는 인물의 수는 모두 34명이다.

1606년 레이던에서 태어난 렘브란트는 20대 중반에 암스테르담 최고의 초상화가로 일찌감치 명성을 얻었다. 그에게 초상을 의뢰하는 이들은 네덜란드 총독, 암스테르담 시장 등 유명인이거나 성공한 상인이었다. 렘브란트는 암스테르담에 1만 3000휠던의 4층 집을 사서 스튜디오를 꾸미고 30여 명의 제자를 가르쳤다. 말하자면 렘브란트는 페르메이르와 비할 수 없을 정도로 높은 명성을 자랑하던 화가였다. 작품 가격으로도 두 화가의 차이를 알 수 있다. 1696년 암스테르담에서 열린 페르메이르 작품 경매에서 가장 비싸게 팔린 〈델프트 풍경〉의 가격은 200휠던에 불과했다.

묘하게도 〈야경〉을 시작으로 렘브란트의 명성은 빛바래기 시작했다. 이 초상은 경비대장과 부관을 중심으로 창이나 총, 악기 등을 들고 있는 경비대원들의 모습을 생생하게 포착해낸 걸작이다. 어둠 속에서 홀연히 등장하는 듯한 인물들의 다양한 표정과 배치가 강렬한 인상을 남긴다. 그러나 이 초상은 당시의 네덜란드 시민계층이 이해하기에는 너무나 예술적이었다. 경비대원들은 자신의 모습을 기록으로 남길 수 있는 그림, 모두가 공평하게 화면에 등장하는 그림을 원했다.

1642년을 기점으로 렘브란트의 인생과 화가로서의 경력은 하향세에 접어들었다. 렘브란트는 의뢰인의 취향에 맞추기보다는 화가로서의 자신의 주장을 고집스레 밀고 가는 성격이었고 작업속도도 느렸다. 의뢰인이 완성된 초상에 불만을 품고 작품을 인수하지 않는 일이 많아졌다. 렘브란트는 경제적으로 파산하고 대부분의 가족을 잃는 등, 불행한 만년을 보내다 1669년 사망했다.

렘브란트가 워낙 당대 최고의 화가였기 때문에 페르메이르는 렘브란트의 명성을 알고 있었을 것이다. 렘브란트와 페르메이르 사이의 연결고리가 있었을 가능성도 없지 않다.

페르메이르가 사망한 후 작성된 재산 목록에는 〈황금방울새〉의 화가 카럴 파브리티위스의 그림이 세 점 있었다. 암스테르담 인근에서 태어난 파브리티위스는 1640년대 초반, 렘브란트에게 그림을 배웠고 1650년 델프트로 이주했다. 델프트에서 머무른 시기로나, 또 스타일의 유사성으로나 파브리티위스는 페르메이르의 유력한 스승 후보로 꼽힌다. 페르메이르가 파브리티위스의 지도를 받았다면, 렘브란트와 페르메이르 사이에는 간접적으로나마 연관성이 있었던 셈이다.

'영광의 전시관'에서 〈야경〉을 보는 관람객들

05

미소 속에 담긴
수수께끼

헤이그

마우리츠하위스로 가는 길

우리에게 '헤이그'라고 알려진 도시를 네덜란드 사람들은 덴하흐Den Haag라고 부른다. 헤이그The Hague는 이 도시의 영어식 명칭이다. 한 세기 전 만국평화회의가 열리고 이준 열사가 순국한 곳으로 알려진 도시이자 국제사법재판소가 있는 이 도시는 네덜란드라는 나라의 특성을 감안하고서도 유난히 깔끔했다. 정교하게 짜인 레이스 같은 도시였다. 마우리츠하위스Mauritshuis 미술관의 첫인상은 이 도시의 느낌과 엇비슷했다. 작지만 매우 기품 있는 미술관이다.

'마우리츠하위스'라는 독특한 이름은 나사우시헌Nassau-Siegen 백작인 요한 마우리츠Johann Maurits에서 생겨난 이름이다. '마우리츠하위스'는 '마우리츠의 집'이라는 뜻으로 이 미술관은 말 그대로 18세기 말까지 마우리츠 백작가의 저택이었다. 마우리츠 백작의 저택은 1633년에서 1644년 사이에 지어진 아름다운 건물이라 소장작 못지않게 이 건물을 구경하는 재미도 크다. 네덜란드 고전주의 양식의 표본 같은 건축인데 일찌감치 시민계급이 번성한 암스테르담에서는 오히려 이처럼 귀족적인 건물을 찾기 힘들다. 마우리츠 백작가의 저택을 지은 건축가 야코프 판 캄펀Jacob van Campen은 이탈리아 팔라디오 양식을 처음으로 네덜란드에 도입한 주역으로 암스테르담의 담 광장에 있는 시청 건물(현재는 왕궁)도 그의 설계로 지어졌다고 한다. 미술관의 소장작들은 800여 점 내외이며 네덜란드 왕가, 마우리츠 백작 가문의 수집품들로 이루어졌다. 1822년 개관했으니 암스테르담의 국립미술관 못지않은 오랜 역사를 가진 미술관이다.

마우리츠하위스 미술관을 찾는 방문객은 보통 두 경로 중 하나를 택해 오게 된다. 트램이나 버스를 타고 레이던대학교 근처에서 내려 헤이그의 번화가를 10분쯤 걷거나 국회의사당을 비롯한 정부 부처들이 모여 있는 비넨호프Binnenhof 구역과 호수를 끼고 걸어오는 길, 두 가지다(네덜란드의 행정부, 국회, 대법원은 암스테르담이 아니라 헤이그에 있다). 어느 쪽을 택해도 오는 길은 특별한 즐거움을 준다. 첫 번째 길을 택하면 헤이그의 질서 정연하고 풍요로운 현재를 볼 수 있고 두 번째 길에서는 암스테르담과는 또 다른 이 도시의 고전적인 기품을 확인할 수 있다. 두 길 중 하나를 택해 천천히 걷다 보면 하얀 케이크처럼 단정한 2층 건물이 나타나고 그 앞에서 펄럭이는 깃발, 그리고 커다란 〈진주 귀고리 소녀〉 현판이 이 건물이 미술관임을 알려준다. 〈진주 귀고리 소녀〉는 마우리츠하위스 미술관의 자랑거리이자 랜드마크다. 미술관 직원들은 모두가 이 그림이 가슴에 수놓인 유니폼을 입고 있었다.

미술관은 2층에 걸쳐서 모두 열여섯 개의 전시실이 있는 아담한

마우리츠하위스 미술관

단정하고 우아한 2층 건물이 소장품 못지않은 볼거리다. 마우리츠하위스 미술관은 16개의 전
시실을 가진 크지 않은 규모의 미술관이지만 〈진주 귀고리 소녀〉를 비롯해 페르메이르의 그
림을 세 작품이나 소장하고 있다.

규모다. 대부분 네덜란드 황금시대 화가들의 작품으로 렘브란트의 초창기 걸작인 〈튈프 박사의 해부학 강의〉, 아베르캄프의 〈겨울 풍경〉, 루벤스의 진정한 천재성을 알려주는 〈촛불을 켠 노파와 소년〉 등 소장작들의 면면이 자못 흥미롭다. 이 중에 페르메이르의 그림이 세 점이나 있다. 〈진주 귀고리 소녀〉와 함께 〈델프트 풍경〉, 그리고 초기 작품인 〈디아나와 님프들〉이다. 이 세 작품이 모두 미술관 15번 방에 전시되어 있다. 더 말할 나위도 없이 미술관 전체에서 가장 붐비는 방이다. 전시실 공간이 그리 크지 않기 때문에 미술관 직원들이 15번 방에 들어가는 인원을 체크해서 일정한 수만 전시실 안에 머물도록 조정하고 있었다. 그러나 전시실 안에 들어간 사람들을 일부러 내보내는 경우는 없었고 사진 촬영 역시 전혀 제지하지 않았다.

페르메이르의 방인 15번 전시실에 들어가니 반 이상이 동양인, 그중에서도 일본인이 대부분이었다. 갑자기 네덜란드를 떠나 일본에 온 듯했다. 2월의 오사카 시립미술관에서 받았던 느낌, 관람객들이 페르메이르의 작품이 있는 전시실마다 가득 들어차 있던 기억이 떠올랐다. 일본 관광객들은 방을 떠나지 않고 오랫동안 〈진주 귀고리 소녀〉를 바라보고 휴대폰으로 연거푸 사진을 찍었다. 같은 동양인이라는 사실에 용기를 얻은 건지, 아니면 미러리스 카메라를 멘 모습을 보고 사진 좀 찍을 줄 아는 사람이라고 착각을 한 건지, 한 일본 여성이 내게 영어로 말을 걸어왔다. 자신이 〈진주 귀고리 소녀〉를 보고 있는 뒷모습을 그림과 함께 찍어달라는 부탁이었다. "아아, 그럼요, 해드릴게요." 그녀의 휴대폰을 받아들고 원하는 구도로 사진을 석 장쯤 찍어주었다. 오랫동안 꿈꾸던 그림을 드디어 만났다는 사실이 그녀를 용감하게 만들어주었는지도 모른다.

루브르 박물관이 〈모나리자〉를 절대 박물관 밖으로 내보내지 않는 것처럼, 대부분의 미술관들은 가장 중요한 소장작은 잘 대여하지 않는다. 마우리츠하위스 미술관 역시 마찬가지라 〈진주 귀고리 소녀〉를 다른 미술관으로 반출한 사례는 한 손으로 꼽을 정도다. 2012년 〈진주 귀고리 소녀〉가 도쿄 국립서양화미술관에 전시되어 일본 전역에 화제를 일으킨 일이 있었다. 마우리츠하위스 미술관은 2012년부터 대대적인 개보수 작업을 하느라 2년간 문을 닫았다. 이 2년 동안 미술관 소장작들은 인근의 헤이그 미술관에 옮겨 전시되었다. 예외적으로 〈진주 귀고리 소녀〉만은 일본에 이어 미국과 이탈리아를 순회하며 전시되었고 그때 도쿄를 거쳐갔다. 마우리츠하위스 미술관은 이 순회 전시가 〈진주 귀고리 소녀〉의 마지막 반출이며 앞으로 이 작품이 미술관을 떠나는 일은 없을 것이라고 단언했다.

영원히 살아 있는 350년 전의 소녀

너무나도 유명한 그림을 실제로 보면 그전부터 이 작품을 보아왔던 것 같은 기시감에 빠진다. 〈진주 귀고리 소녀〉도 마찬가지였다. 무엇이 이 조촐한 작품을 그토록 유명하게 만들었을까, 하는 생각이 먼저 들었다. 무엇보다 이 작품에서 도드라지는 건 생동감이었다. 제목은 〈진주 귀고리 소녀〉지만 그림에서 가장 먼저 눈에 띄는 건 소녀의 눈과 입술이었다. 물기 머금은 연회색의 눈망울이 진주보다 더 명징하게 빛났다. 어깨 너머로 돌아보며 보는 이와 눈을 맞추는 소녀는 금세라도 입술을 달싹이며 무언가 말을 할 것만 같다. 자세히 들여다보면 이 그림은 치밀한 완벽주의자 페르메이르의 작품치고는 놀라울 정도로 단순하고 대담했다. 가장 꼼꼼히 그린 부분은 검은 배경이라는 생각이 들 정도였다. 어둠 속에서 창백한 얼굴의 소녀가 홀연히 떠오르는 듯한 인상의 그림이다.

화가는 이 소녀의 얼굴 윤곽선을 그리지 않았다. 소녀의 콧날은 선이 아니라 큰 붓을 사용한 넓은 면으로 그려져 있다. 콧날이 오똑하니 서 보이는 이유는 얼굴의 왼편에 생겨난 그늘 때문이다. 입고 있는 의상도 자세히 그리지 않았다. 흰 칼라는 큰 붓으로 대범하게 한 번 문질러 그린 것처럼 보였다. 특이한 터번을 쓰고 있지만 의상은 아주 간소했다. 그림 속 처녀가 하고 있는 장식물은 오직 하나, 물방울 모양의 커다란 진주 귀고리뿐이다. 거의 어깨에 닿을 정도로 커다란 이 귀고리는 두 면에서 빛을 받아 희게 빛나고 있다. 정면으로 보이는 빛은 처녀의 앞에 있는 창에서 들어오는 빛을 반사한 것이다. 그림에는 배경이 그려져 있지 않지만, 이 반사광으로 우리는 처녀가 지금 창을 마주 보고 앉아 있다는 사실을 알 수 있다. 귀

〈진주 귀고리 소녀〉 캔버스에 유채, 44.5×39cm, 1665, 마우리츠하위스 미술관, 헤이그
소녀의 귀고리만큼이나 눈망울과 입술이 투명하게 빛난다. 소녀의 뒤편 배경은 페르메이르의 작품치고는 이례적으로 검은색이다. 2020년 4월, 마우리츠하위스 미술관 측은 2년에 걸친 연구 끝에 그림의 배경이 검은색이 아니라 초록색 커튼이었다는 사실을 밝혀냈다.

고리의 밑면도 희미하게 빛나고 있다. 처녀가 입은 흰색 칼라가 만들어낸 반사광이다.

최소한의 색과 붓질로 오히려 가장 생생한 인상을 창조할 수 있다고 화가는 말하는 듯했다. 페르메이르의 다른 그림들에서는 잘 드러나지 않았던, 원숙한 화가의 자신감이 느껴지는 작품이었다. 이 그림은 1665년에서 1667년 사이 완성된 것으로 추측된다. 화가는 이때 30대 초반이었으나 이미 자신의 스타일을 완벽하게 구축한 상태였다.

15번 방에 들어오는 사람들은 저마다 그녀 앞에서 오래 머무르고 사진을 찍었다. 휴대폰의 액정 화면에 담긴 소녀의 눈망울은 여전히 빛났다. 오후 5시가 되자 직원이 들어와 그림 왼편에 있는 높다란 창의 셰이드를 올렸다. 350년 전 델프트에 있었던 페르메이르의 스튜디오처럼, 늦은 오후의 햇빛이 반투명한 창을 통과해 실내로 들어왔다. 그림은 일순 또 다른 생동감으로 빛나기 시작했다. 황홀한 순간이었다.

그림에 담긴 생명력의 비밀

우리 눈에 워낙 익숙한 그림이지만, 사실 〈진주 귀고리 소녀〉는 뜯어보면 뜯어볼수록 수수께끼의 작품이다. 우선 이 그림은 초상화인가? 그림의 모델은 누구인가? 왜 네덜란드 처녀가 터번을 쓰고 있는가? 모델이 건 진주 귀고리가 유난히 큰 이유는 무엇일까?

첫 번째 질문에 대한 답부터 하자면, 이 그림은 초상이 아니다. 17세기 네덜란드에는 인물의 얼굴 표정에 집중해서 그리는 '트로니'라는 장르가 존재하고 있었다. 렘브란트가 그린 수많은 자화상들, 특히 에칭 자화상 중에는 놀라거나 찌푸리거나 입술을 오므리고 있는 등, 다양한 표정을 연구한 흔적들이 보인다. 프란스 할스의 작품들 중에서도 유쾌하게 웃고 있는 술꾼들의 얼굴을 강조한 그림들이 있다. 이런 그림들이 트로니다. '트로니'라는 장르의 이름 자체가 '머리'라는 프랑스어 사투리 트로뉴Trogne에서 생겨난 단어다. 네덜란드 화가들은 트로니를 '얼굴 표정 연구' 정도로 이해하고 있었던 것으로 보인다.

트로니는 17세기 네덜란드에서 꽤 인기를 얻었던 장르였다. 렘브란트와 프란스 할스를 비롯해 여러 화가가 트로니를 남겼다. 인물의 표정과 얼굴, 헤어스타일 등을 집중적으로 표현하기 때문에 트로니 속 주인공은 독특한 표정, 우스꽝스럽거나 냉소적인 표정을 짓고 있는 경우가 많다. 또 이국적인 의상을 입고 있기도 하다. 프란스 할스는 집시 처녀의 트로니를 그렸다. 〈진주 귀고리 소녀〉에서 그림 속 모델이 터키풍의 터번을 두르고 있는 것은(이슬람 문화에서도 터번은 남자만이 쓰는 두건이다) 이 그림이 초상이 아니라 트로니임을 분명히 해주는 증거다. 초상이었다면 처녀가 이렇게 뜻 모를 터번을 쓰지 않았을 것이다. 몸을 옆으로 앉은 상태에서 얼굴만 돌려 정면을 바라보는 포즈도 초상화와는 어울리지 않는다.

푸른 터번과 커다란 진주 귀고리는 그림 속 처녀를 외국인처럼 보이게 하려 했던 화가 나름의 장치였을까? 터번의 파란색은 페르

렘브란트의 자화상 종이에 에칭, 5.1×4.5cm, 1630, 스웨덴 국립미술관, 스톡홀름

기묘한 표정을 짓고 있는 렘브란트의 에칭 자화상이다. 이 작품은 트로니의 일종으로 여겨지는데, 트로니는 네덜란드에서 유행한 장르로 사람의 표정에 집중한 그림이다.

메이르가 즐겨 사용했던 라피스라줄리로 칠해졌다. 말하자면 소박해 보이는 의상이기는 하나 안료 자체는 최고급을 사용해 그렸다. 그러나 우리는 이 처녀가 짓고 있는 표정, 막 미소가 사라지고 있는 듯한 찰나의 표정과 눈망울, 입술의 생기 어린 느낌에 반한 나머지 그녀가 입고 있는 의상에는 거의 신경을 쓰지 않게끔 된다.

근본적인 질문으로 돌아가자. 〈진주 귀고리 소녀〉는 왜 보는 이를 대번에 매혹시키는가? 이 이유를 한두 마디로 설명할 수는 없다. 가장 두드러진 점은 그림 자체가 가지고 있는 생명력이다. 어둠 속에서 홀연히 떠오른 소녀의 얼굴은 살아 있는 듯한 생동감으로 빛난다. 금방이라도 보는 이들에게 입술을 달싹여 말을 걸 듯한 분위기다. 이 그림의 탁월한 생명력은 어디에서 오는가? 동시대 네덜란드 화가들은 그림의 모든 요소를 치밀하고 꼼꼼하게 그렸다. 페르메이르 역시 마찬가지였다. 예를 들어 〈골목길〉에서 낡은 벽돌집을 그린 솜씨는 거의 사진을 연상케 할 정도다. 유독 이 〈진주 귀고리 소녀〉에서만 화가는 최소한의 터치와 최소한의 색감을 사용해 그림을 완성시켰다. 여러 겹으로 색을 겹쳐 칠하긴 했으나 우리 눈에 뜨이는 색감은 검정, 흰색, 노랑, 파랑 정도뿐이다. 이 단순함과 대범함이 오히려 그림에 생명력을 불어넣었다.

페르메이르는 소녀의 얼굴, 옷, 터번 등을 하나같이 과감한 붓터치로 그리면서 오직 눈망울과 입술, 귀고리만 강조하는 혁신적인 방법을 썼다. 회색 눈망울은 소녀의 앞에 있는 창에서 들어온 빛을 받아 반짝거린다. 페르메이르는 정작 이 창의 존재조차 그리지 않고 귀고리의 반사광을 통해 우리에게 창의 위치를 짐작하게끔 만든다. 소녀의 입술이 촉촉하게 윤기를 머금은 것처럼 보이는 이유는 화가가 입술 위에, 그리고 입가에 미세한 분홍 점들을 찍어놓았기 때문이다. 벌어진 입술 사이로 살짝 보이는 치아는 그녀가 우리에게 막 말을 걸려 한다는 착각마저 불러일으킨다.

최근에 〈진주 귀고리 소녀〉에 관해 밝혀진 흥미로운 사실이 몇 가지 있다. 우리 눈에 보이는 그림의 검은색 배경은 화가가 원래 의도한 바가 아니었다. 마우리츠하위스 미술관은 2년간 이 그림을 꼼꼼히 연구한 결과를 2020년 4월에 공개했다. 이 보고서에 따르면 〈진주 귀고리 소녀〉의 배경에는 짙은 초록색 커튼이 쳐져 있었다. 그림 왼편 상단에는 페르메이르의 서명도 들어가 있었다. 그러나 시간이 흐르면서 배경의 초록색은 점점 더 검게 변색되어갔고 그 와중에 커튼과 화가의 서명은 사라지고 말았다.

연구팀은 페르메이르가 이 그림을 어떤 순서로 그렸는지도 밝혀냈다. 화가는 맨 먼저 배경인 초록 커튼을 그린 후 소녀의 얼굴, 노란색 웃옷, 흰 옷깃, 푸른 터번 순으로 그림을 완성해나갔다. 귀고리는 가장 나중에 그려넣었다고 한다. 페르메이르는 밑그림을 그리면서 소녀의 포즈를 두어 번 수정했다. 그러나 연구팀은 사람들이 가장 궁금해 하는 진실, 그림 속 소녀가 누구인지에 대해서는 아무 단서도 찾지 못했다. 마우리츠하위스 미술관의 디렉터인 마르티너 호셀링크Martine Gosselink는 "우리는 여전히 그녀가 누구인지 모르며, 사실 이 소녀가 실재 존재했던 인물인지도 확신할 수 없다"라고 말했다. 커다란 귀고리를 건 채 우리에게 반짝거리는 시선을 보내고 있는 소녀는 여전히 수수께끼의 인물이다.

마우리츠하위스 미술관의 〈진주 귀고리 소녀〉

작품의 명성에 비하면 마우리츠하위스 미술관으로 〈진주 귀고리 소녀〉를 보러 오는 이들은
그리 많지 않다. 관람객들은 충분한 시간을 들여가며 이 작은 그림을 꼼꼼하게 살펴보거나 사
진을 찍었다.

〈진주 귀고리 소녀〉는 놀랍게도 1881년까지 세상에 거의 알려지지 않았다. 이해에 아르놀뒤스 안드리스 데스 톰버A. A. des Tombe라는 긴 이름의 수집가 헤이그에서 열린 미술품 경매에서 이 그림을 샀다. 당시의 작품 가격은 겨우 2휠던이었다. 데스 톰버는 1902년 사망하면서 자신이 수집한 그림 12점을 마우리츠하위스 미술관에 유증했는데 이 12점 중에 〈진주 귀고리 소녀〉가 포함되어 있었다. 마우리츠하위스 미술관으로서는 놀라운 횡재를 한 셈이다. 이후로 서서히 그림의 진가가 알려지면서 〈진주 귀고리 소녀〉는 '북구의 모나리자'라는 별명을 얻게 되었다.

소설 속에 등장한 소녀

이 그림 속 소녀, 커다란 회색 눈망울과 창백한 피부를 가진 소녀는 누구인가? 결론부터 말하자면 알려진 사실은 아무것도 없다. 가장 유력한 후보는 물론 페르메이르의 가족이다. 페르메이르는 스무 살에 결혼해서 마흔세 살에 사망하기 전까지 무려 열다섯 명의 아이를 낳았다. 그러나 이 대가족 중 이 그림이 그려진 1665~1667년 사이에 10대 후반이었던 여자는 없다. 맏딸인 마리아 페르메이르는 1654년에 태어났다. 〈진주 귀고리 소녀〉의 완성 연대를 가장 늦춰 잡아도 1667년이니, 그해에 그려진 그림이라 해도 마리아의 나이는 열세 살에 불과했다. 페르메이르의 아내 카타리나는 1665년에 이미 서른두 살이었다.

기록이 전혀 남아 있지 않으니 커다란 눈망울을 가진 이 소녀의 정체는 영원히 수수께끼일 수밖에 없다. 그녀는 페르메이르의 친척이거나 가까운 곳에 사는 이웃이 아니었을까? 페르메이르는 델프트에서 평생을 살았고 성 루가 길드에서 두 번이나 대표를 했으며 다른 화가의 그림도 거래하고 있었다. 그는 이래저래 델프트의 여러 중산층 가정과 교분이 있었을 테고 그중 누군가의 딸이나 부인을 모델 삼아 그림을 그렸을 듯싶다. 페르메이르의 여러 그림에 등장하는 여성 중 같은 인물이 두 장 이상의 그림에 등장하는 경우는 찾기 어렵다. 화가에게는 그림의 이미지에 어울리는 모델을 찾는 자신만의 방법이 있었을 것이다.

350년 전의 인물이라고는 믿을 수 없을 정도로 생생한 이 소녀에 대한 궁금증은 여러 후속 작품들을 낳았다. 1999년, 미국 소설가 트레이시 슈발리에는 이 의문의 모델이 화가의 집에 고용된 열일곱 살의 하녀 그리트라는 내용을 담은 소설 『진주 귀고리 소녀』를 썼다. 그리트는 사고로 눈이 먼 아버지 대신 돈을 벌기 위해 페르메이르라는 화가의 집에 고용된다. 그녀에게 맡겨진 임무는 아이들 뒤치다꺼리, 빨래, 설거지 등의 잡일과 함께 매일 아침 2층에 있는 페르메이르의 화실을 청소하는 일이다. 그리트는 매일 조금씩 진척되는 그의 그림을 유심히 살펴보며 과묵한 화가에게 서서히 매료된다. 그녀의 눈썰미는 뜻밖에 페르메이르의 작업에 도움이 되고, 페르메이르는 그리트에게 자신의 일을 돕게 하다 마침내 아내 카타리나의 진주 귀고리를 건 그리트의 모습을 그림으로 그린다. 이 사실을 알게 된 카타리나는 분노를 참지 못하고 그리트를 쫓아낸다. 페르메이르의 시선에 가슴을 졸이던 그리트는 미련 없이 그의 집을 나온다. 그녀의 마음에 깊은 상처가 된 것은 페르메이르가 자신을 바라보던 눈길이 다만 '아름다운 피사체'를 관찰하는 화가의 시선 그 이상은 아니었다는 사실이다.

10여 년의 시간이 흐른 후, 푸줏간집 아들 피터와 결혼해서 아이를 키우며 바쁜 하루하루를 보내는 그리트의 귀에 페르메이르가 세상을 떠났다는 소식이 들려왔다. 그리고 뜻밖에도 페르메이르의 아내 카타리나가 그리트를 부른다. 과거의 일터를 찾아간 그녀에게 페르메이르의 유산 집행인인 레이위엔훅은 문제의 진주 귀고리를 준다. 페르메이르의 유언장에 그리트에게 그 귀고리를 전해달라는 내용이 쓰여 있었기 때문이다. 그리트는 한때의 꿈이었던, 그러나 이미 지나가버린 기억이 된 진주 귀고리를 간직하지 않는다. 그녀는 귀고리를 팔아 받은 돈을 쥐고 이제는 자신의 일상이 된 푸줏간으로 차분하게 돌아간다.

이 소설에는 페르메이르와 아내 카타리나, 장모 마리아 틴스는 물론이고 페르메이르의 후원자였던 판 라위번, 페르메이르의 사망 후에 유산 집행인이 되었던 현미경의 발명가 레이위엔훅 등이 모두 등장한다. 소설은 지금까지 밝혀진 페르메이르의 흔적과 작가의 상상력을 적절히 혼합해서 흥미로운 스토리를 만들어내고 있다. 예를 들면, 그리트가 화가의 화실을 청소하면서 맨 처음 본 작품은 〈진주 목걸이〉(130쪽 참조)라는 그림이다. 노란 옷을 입은 여자가 창 옆에 걸린 거울을 보며 자신의 목에 진주 목걸이를 걸어보는 장면을 담고 있다. 이 그림은 페르메이르의 작품 중에 드물게 뒤의 흰 벽에 지도나 그림이 걸려 있지 않다. 소설 속에는 페르메이르가 흰 벽에 지도의 밑그림을 그렸다가 마음을 바꾸어 벽을 희게 칠하는 장면이 등장한다. 실제로 이 〈진주 목걸이〉를 엑스레이로 촬영해보면 밑그림에 지도를 그리려 했던 흔적이 보인다.

소설 『진주 귀고리 소녀』에서 또 하나 흥미로운 부분은 페르메이르가 카메라 오브스쿠라를 사용하는 장면이다. 페르메이르 이전 화가들, 예를 들면 레오나르도 다빈치를 비롯한 화가들은 일찍부터 카메라 오브스쿠라를 이용해왔다. 이 장치를 사용하면 눈앞의 입체적인 풍경이 평면으로 재현되기 때문에 풍경화를 그리는 화가들이 특히 카메라 오브스쿠라의 도움을 많이 받았다. 앞서 말했듯이 페르메이르 역시 카메라 오브스쿠라를 이용했다는 사실은 거의 확실하다. 그러나 그의 사후 만들어진 재산 목록에 카메라 오브스쿠라는 포함되어 있지 않다. 슈발리에는 이 부분에서 자신의 상상력을 동원해 현미경의 발명가인 레이위엔훅이 페르메이르의 친구이며, 그에게 카메라 오브스쿠라를 빌려주었다는 설정을 만들어냈다. 페르메이르와 같은 해인 1632년에 태어난 레이위엔훅은 직물 장인 겸 시청 공무원으로 일하며 델프트에서 평생을 살았다. 그는 일하는 시간 틈틈이 렌즈를 연구해 현미경을 만들었고 이 현미경으로 짚신벌레 같은 원생생물을 관찰한 탁월한 과학자였다.

페르메이르와 레이위엔훅은 소설 속 설정처럼 친구 사이였을까? 두 걸출한 예술가와 과학자는 서로를 알아보았을까? 레이위엔훅의 집은 페르메이르가 살고 있던 마르크트 광장 근처였다. 이런 점들을 종합해보면 두 사람이 서로를 알고 있었을 가능성은 충분하다.

〈병사와 웃고 있는 젊은 여인〉 캔버스에 유채, 50.5×46cm, 1657, 프릭컬렉션, 뉴욕
여인에 비해 그림의 전면에 앉아 있는 병사의 모습이 지나치게 크게 그려졌다. 육안으로 볼 때
는 앞쪽에 앉은 사람이 이렇게 크게 보이지 않는다. 페르메이르는 이 작품의 밑그림을 구성하
며 카메라 오브스쿠라를 이용했던 것으로 보인다.

그러나 이들 사이에 개인적인 교류가 있었다는 증거는 현재까지는 나오지 않았다.

소설에서 그리트와 카타리나가 갈등을 빚게 된 원인은 진주 귀고리에 있다. 화가의 아내 카타리나는 자신의 귀중품인 진주 귀고리를 감히 하녀가 걸고 그림의 모델이 되었다는 사실에 격분한다. 이 귀고리는 그림 제목과는 달리 진주가 아니라 유리구슬로 만들어졌을 가능성이 크지만, 아무튼 카타리나가 귀고리의 주인이라는 소설 속 설정은 충분히 신빙성 있는 가정이다. 페르메이르의 그림에 등장하는 여성들은 모델은 다르지만 같은 옷을 입고 있는 경우가 많다. 예를 들면 1657년 또는 1658년에 완성된 〈열린 창 앞에서 편지를 읽는 여자〉와 〈병사와 웃고 있는 젊은 여인〉에서 두 여성은 같은 옷, 금실로 수가 놓이고 상의는 노랑, 스커트는 짙은 갈색인 드레스를 입고 있다. 그보다 더 많이 등장하는 옷이 목과 소매에 흰 담비 털이 둘러진 노란색 상의다. 1664년의 〈류트를 연주하는 여자〉부터 무려 여섯 작품에 이 의상이 등장한다. 이 의상은 정말로 화가의 아내 카타리나의 옷이었다. 〈진주 귀고리 소녀〉의 커다란 물방울 모양 귀고리도 페르메이르의 그림에 여러 번 등장한다. 〈진주 귀고리 소녀〉 외에 〈류트를 연주하는 여자〉〈진주 목걸이〉〈편지 쓰는 여인〉〈붉은 모자를 쓴 소녀〉〈젊은 여자의 얼굴〉〈여인과 하녀〉〈연애편지〉에 모두 같은 귀고리가 그려져 있다. 결론은 명백하다. 노란 웃옷처럼 귀고리나 목걸이도 모두 페르메이르의 집에 있는 물건들이었다. 화가의 아내가 소유한 귀금속을 걸고 화가 앞에 모델로 앉을 수 있었던 여자, 〈진주 귀고리 소녀〉는 과연 누구였을까?

이쯤에서 자연스럽게 드는 의문은 페르메이르가 아내 카타리나를 그리지 않았을까 하는 점이다. 카타리나가 그림의 모델이 되었을 가능성은 얼마든지 있다. 말할 나위도 없이 그녀는 페르메이르에게 가장 가까이 있는 여성이었다. 하지만 그녀가 막상 남편의 그림 모델 노릇을 할 만큼 한가했을지는 의문이다. 두 사람은 23년간의 결혼 생활 동안 열다섯 명의 아이를 낳았다. 그중 열한 명이 생존했기 때문에(이렇게나 많은 아이들이 생존하는 것은 17세기에는 흔치 않은 일이었다) 카타리나는 거의 언제나 임신 중이었을 테고 또 많은 어린 아이들을 돌보느라 바빴을 것이다.

미술사학자 카를 쉬츠는 1663년경 완성된 〈편지를 읽는 푸른 옷의 여인〉(13쪽 참조) 모델을 카타리나로 추측하고 있다. 이 모델은 제법 배가 부른 여성이다. 그녀는 잠옷 같은 간소한 드레스 위에 푸른 웃옷을 걸쳐 입은 채로 편지를 읽고 있다. 만약 이 여성이 페르메이르와 내밀한 관계가 아니었다면 이렇게 편안한 옷을 입고, 더구나 임신한 상태에서 화가의 모델이 되려 하지는 않았을 것이다. 그러나 이런 모든 가정은 안타깝게도 그저 추측일 뿐이다. 이 화가의 이야기는 여전히 너무 많은 부분이 베일에 싸여 있다.

〈진주 귀고리 소녀〉는 슈발리에의 소설뿐만 아니라 스칼렛 조핸슨과 콜린 퍼스가 주연한 2003년의 영화로도 유명하다. 소설과 영화가 세계적인 인기를 얻으며 새삼 이 그림에 대한 관심이 높아졌다고 볼 수도 있다. 실제 인물의 이야기, 더구나 이미 널리 읽힌 소설을 원작으로 한 영화를 제작하는 일은 의외로 까다로운 작업이다. 독자들은 자신이 소설을 읽으며 그려낸 장면들이 영상으로 제대로 재현되기를 원하지만, '상상 속에 그려진 인물과 세트'를 구체적인 형상으로 잡아내는 것은 매우 치밀한 연구를 필요로 하는 작업이다. 영화를 만든 영국 감독 피터 웨버는 이 어려운 작업에 도전했다.

영화에는 페르메이르의 그림에 반복해서 등장하는 그의 스튜디오, 커튼과 가죽 의자가 있고 왼편에 창이 있는 방이 그대로 재현되어 나온다. 영화 속에서 화가의 아내는 페르메이르의 그림에 나오는 의상들, 흰 털이 달린 노란 웃옷이나 푸른 가운을 입고 있으며 화가의 스튜디오에는 〈진주 목걸이〉가 반쯤 완성된 채로 걸려 있다. 페르메이르 애호가라면 그림 속으로 삽시간에 빨려 들어간 듯한 느낌을 받을 것이다. 최소한 화면에 재현된 페르메이르의 스튜디오를 볼 수 있다는 점만으로도 이 영화는 볼 만한 가치가 있다.

화가 본인조차 재현하지 못했던 마법

페르메이르는 〈진주 귀고리 소녀〉 외에 다른 트로니를 세 점 더 그렸다. 네 점의 트로니는 모두 1665년에서 1670년 사이에 완성되었다. 그런데 뜻밖의 사실이 있다. 페르메이르가 그린 트로니 네 점 중에서 〈진주 귀고리 소녀〉를 제외하면 나머지 세 점은 기대 이하의 작품이라는 점이다. 1665년에서 1667년 사이에 완성된 또 하나의 트로니 〈젊은 여자의 얼굴〉은 〈진주 귀고리 소녀〉와 거의 같은 시기에 그려진 작품으로 보인다. 작품의 모델은 〈진주 귀고리 소녀〉의 모델과 동일인물일까? 칠흑처럼 검은 배경, 몸을 옆으로 돌린 채 고개만 왼편으로 틀어 정면을 바라보는 포즈 등은 〈진주 귀고리 소녀〉와 거의 같다. 크기 역시 똑같다. 〈진주 귀고리 소녀〉가 44.5×39센티미터, 〈젊은 여자의 얼굴〉이 44.5×40센티미터다.

문제는 〈진주 귀고리 소녀〉에 비해 이 그림이 그리 매력적이지 않다는 점이다. 모델도 동일 인물 같지는 않다. 〈젊은 여자의 얼굴〉 속 여자는 〈진주 귀고리 소녀〉의 모델보다 조금 더 어린 소녀다. 그녀는 푸른빛이 도는 숄을 어깨에 걸치고 머리를 말끔하게 뒤로 넘겨 묶었다. 자세히 보면 이 소녀는 〈진주 귀고리 소녀〉와 동일한 귀고리를 걸고 있다. 두 작품 사이의 모델의 의상과 포즈에는 거의 차이가 없는 셈이다. 그렇다면 〈진주 귀고리 소녀〉의 놀라운 매력은 대체 어디에서 나온 것일까?

연구자들은 〈젊은 여자의 얼굴〉이라고 불리는 이 작품이 〈진주 귀고리 소녀〉보다 나중에 그려진 것이라고 주장하기도 한다. 네덜란드의 미술사학자인 알버트 블랑커르트Albert Blankert는 이 작품의 완성 연대를 페르메이르의 만년인 1672년에서 1674년 사이로 추정했다. 페르메이르는 만년에 생활고에 쫓겼고 이 시기 그림들의 완성도는 1660년대보다 오히려 떨어진다. 그러나 이 시기의 차이만으로 〈진주 귀고리 소녀〉와 〈젊은 여자의 얼굴〉, 두 작품의 차이를 설명하기는 어렵다.

나머지 2개의 트로니인 〈붉은 모자를 쓴 소녀〉와 〈플루트를 든 소녀〉는 〈진주 귀고리 소녀〉가 완성된 후인 1667년과 1670년 사이에 그려진 작품으로 보인다. 이 두 트로니는 〈진주 귀고리 소녀〉보

<집은 여자의 얼굴> 캔버스에 유채, 44.5×40cm, 1665~1667, 메트로폴리탄 미술관, 뉴욕
<진주 귀고리 소녀>와 거의 같은 시기에 그려진 트로니다. 그림 속 모델은 푸른빛이 도는 회색
숄을 두르고 머리를 뒤로 넘겨 묶었다. 자세히 보면 이 소녀 역시 <진주 귀고리 소녀>에 등장
하는 귀고리를 달고 있다. 그러나 이 그림에서는 <진주 귀고리 소녀>에서 느껴지는 신비로움
과 놀라운 광채를 찾아볼 수 없다.

다 그림의 크기는 작지만 그 내용은 한결 복잡하다. 연갈색의 배경이 그려져 있으며 동일 인물로 보이는 모델은 한결 화려하고 이국적인 의상을 입은 채로 포즈를 취하고 있다.

〈붉은 모자를 쓴 소녀〉는 커다랗고 화려한 털모자에 푸른색 벨벳 의상을 입었고 〈진주 귀고리 소녀〉와 같은 귀고리를 걸었다. 모델의 포즈 역시 〈진주 귀고리 소녀〉와 엇비슷하다. 몸을 옆으로 돌린 채 고개만 틀어 정면을 바라보는 포즈다. 큰 모자의 챙이 얼굴을 반쯤 가리고 있고 소녀의 입술은 〈진주 귀고리 소녀〉처럼 빛을 받아 반짝거린다. 그런데 이 그림이 〈진주 귀고리 소녀〉처럼 놀라운 생명력으로 반짝이는가? '그렇지 않다'라고밖에 답할 수 없다. 〈진주 귀고리 소녀〉에 담겨 있는 아련하고 영롱한 느낌, 찰나의 순간에 지나가 버릴 듯한 젊음의 싱그러움이 이 그림에서는 실종되고 없다.

페르메이르 본인도 이 사실을 알아차린 듯, 화려한 의상과 배경으로 그림에 생명력을 불어넣으려 애쓴 듯하다. 〈진주 귀고리 소녀〉에서 모델이 걸친 장신구는 터번과 귀고리뿐이었으나 〈붉은 모자를 쓴 소녀〉의 모델은 화장기가 도는 얼굴에 원색의 의상과 모자를 걸쳤다. 이런 화가의 노력에도 불구하고 이 작품은 〈진주 귀고리 소녀〉에 비하면 그저 평범한 트로니로 마감되고 말았다.

페르메이르의 마지막 트로니는 〈플루트를 든 소녀〉다. 이 작품의 완성 연대는 1670년으로 추정된다. 〈진주 귀고리 소녀〉를 1665년에 완성했거나 그리기 시작했다고 가정하면, 화가는 대략 5년 동안 트로니를 연구했던 셈이다. 〈플루트를 든 소녀〉는 중국식 복장을 한 소녀를 그리고 있으며 모델은 〈붉은 모자를 쓴 소녀〉와 같은

1 2

1. ⟨붉은 모자를 쓴 소녀⟩

목판에 유채, 22.8×18cm, 1667, 미국 국립미술관, 워싱턴 D. C.
⟨진주 귀고리 소녀⟩를 완성한 후 그린 트로니지만 작품의 전체적인 완성도는 ⟨진주 귀고리 소녀⟩보다 명백하게 떨어진다.

2. ⟨플루트를 든 소녀⟩

목판에 유채, 20×17.8cm, 1670, 미국 국립미술관, 워싱턴 D. C.
⟨붉은 모자를 쓴 소녀⟩와 동일한 모델을 그린 그림이다. 페르메이르가 일부만 그린 그림이라는 주장도 있다.

인물인 듯하다. 이 작품은 페르메이르가 그린 4점의 트로니 중 가장 완성도가 낮다. 페르메이르의 작품이 맞는지, 그 진위가 의심스럽다는 주장이 있을 정도다. 타자르테스는 〈플루트를 든 소녀〉에 대해 "미완성된 작품을 19세기의 화가가 덧그려 완성했으므로 페르메이르의 작품이 아니다"라고 단정하고 있다. 블랑커르트와 미국 국립미술관의 큐레이터 아서 휠록 주니어Arthur K. Wheelock, Jr. 역시 페르메이르가 일부만 그린 그림으로 본다. 반면, 미국의 미술사학자인 월터 리트케Walter Liedtke가 2008년에 발행한 페르메이르 전작 도록은 〈플루트를 든 소녀〉를 포함해 모두 36점의 작품을 싣고 있다. 사실 이 작품을 페르메이르의 그림으로 인정할 수 있는지 아닌지는 그리 중요한 부분이 아닌 듯싶다. 화가 특유의 명징한 빛과 생동감이 이 작품에서 느껴지지 않는다는 점은 누가 보아도 명백하기 때문이다.

〈진주 귀고리 소녀〉의 참된 수수께끼는 이 그림 속 모델이 누구인가라는 질문이 아니라, 왜 페르메이르 본인이 자신의 솜씨를 재현하지 못했느냐에 있다. 〈진주 귀고리 소녀〉는 페르메이르가 완성한 첫 번째나 두 번째, 아마도 최초의 트로니일 공산이 크다. 화가는 〈진주 귀고리 소녀〉 이후로 트로니 세 점을 더 그렸으나 그 세 점은 하나같이 〈진주 귀고리 소녀〉의 매혹적인 느낌을 담아내지 못했다. 반짝이는 눈, 금방이라도 말을 꺼낼 듯한 입매, 창백하지만 빛나는 얼굴, 벌어진 입술 사이로 살짝 보이는 치아, 커다란 귀고리의 광택과 소녀의 순수함을 색으로 표현한 듯한 흰색 옷깃, 대담하게 그린 푸른 터번 등 이 작품의 총체적 매력은 그림을 그린 화가 본인마저 흉내 낼 수 없는 종류의 것이었다.

　누구나 한번은 젊은 날을 맞지만 그 젊은 날을 영원히 붙잡을 수는 없듯이 〈진주 귀고리 소녀〉에서 빛났던 페르메이르의 천재성은 다시 그를 찾아오지 않았다. 설명할 수 없는 아이러니 속에서 〈진주 귀고리 소녀〉는 여전히 눈부신 반짝임으로 우리를 바라보고 있다.

그림 속의 관능적인 여인들?

페르메이르가 그린 여인들은 모두가 정숙하고 순진했을까? 만약 페르메이르의 그림 속 여인들에게서 관능적 인상을 받는다면 그림을 보는 내 눈이 잘못된 것일까? 그렇지는 않다. 뒤를 돌아본 채 살짝 입술을 벌리고 있는 〈진주 귀고리 소녀〉의 모습에는 분명 일말의 에로틱한 느낌이 있다. 〈병사와 웃고 있는 젊은 여인〉이나 〈와인을 권하는 남자〉에서는 수줍게 이성을 유혹하는 제스처를 취하는 여성도 등장한다.

관능과는 가장 상관없어 보이는 〈우유를 따르는 하녀〉(142쪽 참조)에서도 연애 감정을 상징하는 듯한 사물들이 보인다. 그림의 배경인 부엌의 벽과 바닥 사이에 일렬로 붙은 델프트 타일의 무늬는 사랑의 신 큐피드. 바닥에 놓여 활활 타고 있는 화로, 그림 정면을 향한 우유 항아리의 구멍 등을 에로틱한 상징으로 해석하는 연구자도 있다. 헤르딘 뷔에스

〈잠든 하녀〉(1656~1657)

〈버지널 앞에 선 여인〉(1670~1672)

트만은 17세기 네덜란드 사회의 윤리가 매우 엄격했고, 그림에서 연애를 암시하는 사물이나 장면이 신중하게 숨겨졌다는 점을 생각해보면 이런 해석이 아주 터무니없는 것만은 아니라고 설명한다.

〈편지를 쓰는 여인과 하녀〉(162쪽 참조)도 이런 방식으로 해석할 수 있다. 이 작품의 '그림 속 그림'은 이집트의 공주가 나일강에서 아기 모세를 건지는 장면이다. 대개 이 장면은 편지를 쓰는 처녀가 연인과 운명으로 맺어져 있음을 암시한다고 해석된다. 그러나 모세의 어머니가 모세를 몰래 버렸다는 데에 중점을 두면 해석은 180도 달라진다. 즉, 모세를 살리기 위해 남몰래 모세를 버려야 했던 모세의 어머니처럼 편지를 쓰는 여인이 남들 눈에 뜨이면 안 되는 사랑에 빠져 있다는 것이다.

실제로 이 그림에서 여성이 편지를 쓰는 테이블 앞에는 붉은 봉랍과 구겨진 채 버려진 종이가 보인다. 봉랍은 편지를 붙이는 데 사용된 도구다. 편지를 접은 부분 위에 녹은 봉랍을 떨어뜨리고 인장을 찍는 것이 17세기에 편지를 봉하는 방법이었다. 이 구겨진 편지와 봉랍은 여인이 누군가에게 받은 편지일지도 모른다. 그렇다면 그림의 해석은 완전히 달라진다. 창 옆에 선 하녀가 가져온 편지를 읽은 여인은 다급하게 그 편지를 구겨버리고 답장을 쓰고 있다. 편지를 주고받는 남녀는 비밀스러운 사랑을 하고 있는 듯싶다.

이런 해석이 가능한 작품은 뜻밖에도 많다. 초기 작품인 〈잠든 하녀〉에서 고단한 표정으로 잠든 처녀의 등 뒤로 누군가 방금 나간 듯 문이 열려 있다. 어둠 속에 걸려 있는 '그림 속 그림'의 주제는 기만의 상징인 가면이다. 문을 막 열고 나간 이, 테이블 위에 놓인 잔의 술을 마신 이는 그녀를 기만하고 있는 남자가 아닐까?

〈버지널 앞에 선 여인〉도 어찌 보면 관람객을 적극적으로 유혹하는 듯하다. 여인의 뒤에 걸린 그림 속 큐피드는 결연한 표정으로 카드를 내보인다. 이 여인의 마음을 얻을 수 있는 기회는 이번 한 번뿐이라는 뜻이다. 페르메이르의 숨은 의도는 얌전한 척하면서 남자의 마음을 뺏는 요염한 여인을 그리는 데 있을지도 모른다.

이처럼 관능적인 해석이 가능하다는 점이 페르메이르 그림의 매력이다. 해석의 방향은 무궁무진하고 정답은 없다. 〈진주 귀고리 소녀〉 말고도 페르메이르의 많은 그림은 '열린 결말'을 담고 있는 매혹적인 영화 같다.

화가의
내밀한 고백

빈

화려한 도시의 소박한 그림

오스트리아의 수도 빈은 화려한 도시다. 페르메이르의 흔적을 찾아, 또는 그의 그림을 보기 위해 방문했던 네덜란드 도시들은 빈의 웅장함과 화려함에는 비할 수조차 없다. 이 도시는 신성로마제국과 오스트리아제국의 황제들이 500년 이상 거주했던 곳이고 하이든, 모차르트, 베토벤, 슈베르트, 브람스, 말러 등 수많은 천재 음악가들의 재능이 꽃핀 현장이기도 하다. 한때 중부 유럽 전체를 지배했던 제국의 영광은 제1차 세계대전의 종전과 함께 끝이 났지만, 지금도 빈은 유럽에서 둘째가라면 서러운 예술의 도시다.

이 화려한 도시, 가끔은 지나치게 들떠 있는 듯한 도시에서 페르메이르의 흔적을 찾을 수 있을까? 페르메이르는 생전에 빈을 방문한 적이 없다. 그러나 페르메이르의 애호가들에게 빈은 암스테르담과 헤이그, 델프트 못지않게 중요한 도시임이 분명하다. 호프부르크궁의 맞은편, 마리아 테레지아 황제의 동상이 위용을 자랑하는 광장 왼편에는 빈 미술사박물관이 우뚝 서 있다. 빈 미술사박물관은 신성로마제국의 황위를 계승한 합스부르크 황가가 수집한 르네상스·바로크 회화 중심 미술관이다. 라파엘로, 티치아노, 틴토레토, 브뤼헐, 뒤러, 카라바조, 벨라스케스, 루벤스 등 16~17세기를 대표하는 숱한 화가들의 걸작이 이 미술관에 소장되어 있다. 그리고 이 대작들의 틈에, 17세기 네덜란드 회화를 모아놓은 19번 방에 페르메이르의 작품 〈회화의 기술〉이 걸려 있다.

이 그림은 이름부터가 여러 개다. 빈 미술사박물관의 도록에는 〈화가의 스튜디오〉라는 제목으로 실려 있지만 페르메이르 전문가들은 〈회화의 기술〉이라는 제목을 선호한다. 〈회화의 알레고리〉 또는 〈화가와 그의 뮤즈〉라는 제목으로 알려져 있는 경우도 있다. 그림은 120×100센티미터로 페르메이르의 작품 중에서는 상당히 큰 편이다. 페르메이르는 초창기의 〈마르다와 마리아의 집에 온 예수〉〈뚜쟁이〉 등을 제외하면 거의 40~60센티미터 정도의 작은 캔버스를 사용했다. 그러나 여타 페르메이르의 그림에 비하면 큰 작품인데도 불구하고 〈회화의 기술〉은 빈 미술사박물관의 다른 작품들, 웅장한 종교화나 초상화에 비하면 자못 소박해 보인다.

한때 히틀러의 소유였던 그림

페르메이르의 여느 작품과 마찬가지로 이 작품이 창작된 이유와 작품이 담고 있는 이야기는 모두 베일에 싸여 있다. 1666년에서

빈 미술사박물관

합스부르크 황실의 컬렉션을 주축으로 구성된 빈 미술사박물관은 라파엘로, 티치아노, 루벤스, 렘브란트, 브뤼헐 등 르네상스·바로크 시대 숱한 대가들의 걸작을 소유하고 있다. 페르메이르의 〈회화의 기술〉은 한때 히틀러의 손아귀에 들어갔다 소금광산으로 옮겨지는 우여곡절을 거쳐 1946년에 이 미술관 소장작으로 자리 잡았다.

1668년 사이에 그려진 그림이니 〈진주 귀고리 소녀〉와 함께 그의 창작력이 절정에 달해 있던 시기의 작품이다. 다만 페르메이르의 여느 작품들과는 달리, 〈회화의 기술〉에 대해서는 남은 기록이 조금은 있다. 〈회화의 기술〉이라는 작품 제목도 페르메이르의 아내 카타리나가 남편의 사후에 쓴 기록에서 처음 등장한다. 그렇다면 이 그림의 제목을 페르메이르 본인이 붙였을 가능성도 조금은 있다.

아이러니하게도 우리는 이 화가가 살아 있을 때보다 사망한 후의 이야기를 더 잘 알고 있다. 남아 있는 기록의 대부분이 그가 43세로 급사한 후, 빚더미에 올라앉은 카타리나와 그의 아이들이 살아남기 위해 발버둥 친 흔적들을 담고 있기 때문이다. 페르메이르가 사망한 지 두 달 후, 카타리나는 이 그림을 자신의 어머니 마리아 틴스에게 증여했다. 부모와 자식 사이에서 한가롭게 선물을 주고받았다는 이야기가 아니다. 머지않아 자신의 집에 몰려올 빚쟁이들이 값나갈 만한 물건을 모조리 가져가게 될 상황에서 카타리나가 이 그림만은 지키려 했다는 의미다. 말하자면 카타리나에게 〈회화의 기술〉은 남편이 남긴 가장 중요한 그림, 남편의 정체성 그 자체를 담고 있는 그림이었다. 이런 발버둥에도 불구하고 카타리나는 〈회화의 기술〉을 지키지 못했다. 그림은 결국 1677년 델프트에서 경매에 부쳐졌다.

한때 페르메이르의 동시대 화가인 피터르 더 호흐의 작품으로 알려졌던 〈회화의 기술〉은 1813년, 보헤미아의 요한 루돌프 체르닌 Johann Rudolf Czernin 백작에게 팔려 오스트리아제국으로 넘어갔다(당시 보헤미아는 오스트리아제국의 일부분이었다). 오스트리아가 나치에 병합된 뒤인 1940년, 히틀러가 체르닌 백작가에서 이 그림을 사들였다.

젊은 시절 화가 지망생이었던 히틀러는 이 작품의 가치를 알아보았던 모양이다. 히틀러의 별장에 걸려 있던 〈회화의 기술〉은 제2차 세계대전의 패색이 짙어지는 와중에 오스트리아 알타우제 인근의 소금광산으로 옮겨졌다. 광산 깊이 보관되어 있던 〈회화의 기술〉은 종전 후인 1946년 빈 미술사박물관의 소유가 됨으로써 파란만장한 유랑의 종지부를 찍었다.

　〈회화의 기술〉은 페르메이르의 다른 실내 풍속화와 마찬가지로 왼쪽에 창이 있는 방 안 정경을 담고 있다. 조금 특별한 점이 있다면, 작품 속 두 등장인물 중 한 사람이 화가라는 점이다. 흔히 화가 하면 긴 머리에 베레모를 쓴 남자의 이미지가 떠오르는데 이 그림에 등장한 화가는 정말로 검은 베레모를 약간 비뚜름하게 쓰고 있다. 등을 돌린 채 앉아 있는 화가가 그리는 대상은 푸른 옷을 입고 양손에 책과 악기를 든 젊은 여성이다. 전면에 정교한 무늬가 들어간 두툼한 커튼이 쳐져 있어서 그 너머를 볼 수는 없지만 여성의 앞쪽, 그림 왼편에는 창이 있는 듯싶다. 밝은 빛이 커튼 너머에서 들어와 여성의 모습을 환히 비춘다. 뒤편에는 커다란 지도가 걸려 있고 천장에는 금빛 샹들리에가 위용을 자랑한다. 그림의 앞쪽으로는 여러 물건들이 놓인 테이블이, 그리고 놋쇠 못이 박힌 푸른 가죽 의자가 보인다. 이 그림의 어디가 그토록 특별한 것일까? 뒷모습을 보인 채 앉아 있는 화가는 페르메이르 자신일까? 카타리나가 이 그림을 필사적으로 지키려 했던 이유는 뒷모습이지만 남편의 모습이 그림에 담겨 있기 때문이었을까?

그림에 숨겨진 페르메이르의 생각들

여기서 놓치면 안 될 중요한 점이 하나 있다. 페르메이르가 그림을 그린 이유는 팔기 위해서였다. 그렇다면 페르메이르의 스튜디오에는 완성된 그림이 아니라 아직 진행 중인 작품이나 다른 화가들의 작품만 보관되어 있었을 가능성이 높다. 선금을 주고 완성되지 않은 그림을 미리 '예약'하곤 했던 판 라위번 같은 후원자도 있었다. 1663년에 페르메이르의 스튜디오를 찾아갔던 프랑스 외교관 발타사르 드 몽코니는 화가의 스튜디오에는 완성작이 없어서 이웃한 빵 가게에 가서 페르메이르의 작품을 보았다고 기록해두었다.

그런데 유독 1668년에 완성한 이 〈회화의 기술〉은 페르메이르가 사망한 1675년까지 그의 스튜디오에 남아 있었다. 페르메이르는 이 그림을 팔 생각이 없었던 게 분명하다. 남편이 그토록 아끼는 그림이었기 때문에, 카타리나 역시 이 그림만은 남의 손에 들어가지 않게 하려고 했을 것이다. 카를 쉬츠는 페르메이르가 이 그림을 자신의 스튜디오에 눈에 띄게 걸어두고 방문객들이 페르메이르의 그림 스타일을 궁금해 할 때마다 화가가 이 그림을 보여주었을 것이

〈**회화의 기술**〉 캔버스에 유채, 120×100cm, 1666~1668, 빈 미술사박물관, 빈

환한 빛으로 가득 찬 스튜디오에서 베레모를 쓴 화가가 고요한 표정의 아름다운 여인을 그리고 있다. 이 그림은 페르메이르의 정체성과 가치관을 담은, 그의 '명함'과도 같은 걸작이다. 아마도 페르메이르는 이 작품을 자신의 스튜디오에 걸어두었을 것이다. 화가의 사후 그의 유족이 끝까지 지키려 했던 그림이기도 하다.

라고 추측한다. 쉬츠의 주장이 맞다면 이 그림은 페르메이르의 개성과 능력을 캔버스 한 장에 집약한, 그의 모든 작품들 중 가장 중요한 걸작이라 해도 과언이 아니다. 무엇보다 페르메이르 그 자신이 가장 아낀 그림인 것만은 확실하다.

그림 속 스튜디오는 페르메이르의 스튜디오보다 더 호화롭게 그려졌다. 검은색과 흰색의 대리석 타일로 마감된 바닥부터가 실제 스튜디오와 다를 게 분명하다. 물감과 재료가 쉬지 않고 떨어질 화실의 바닥에 이런 고급 마감재를 썼을 리가 없다. 같은 의미에서 스튜디오 천장을 장식하고 있는 금빛 샹들리에도 터무니없다. 이처럼 화려한 장식은 페르메이르의 다른 실내 풍속화에 등장하는 방 안의 모습과는 딴판이다. 이런 장식들은 말하자면 광고 사진 속 집의 모습과 마찬가지라고 보면 될 듯싶다. 광고에 등장하는 집들은 그럴싸해 보이기는 하지만 실제 우리가 살고 있는 집이 그처럼 깔끔하고 세련될 수는 없다. 페르메이르 자신을 '홍보'할 목적으로 그려진 그림이라면, 스튜디오는 페르메이르의 실제 스튜디오보다 더 근사하게 그려졌을 공산이 크다.

우리에게 뒷모습을 보이고 앉아 있는 화가 역시 마찬가지다. 그가 입고 있는 겉옷의 등과 소매 부분에는 정교한 절개 장식이 들어가 있다. 받쳐 입은 흰 셔츠가 그 사이로 들여다보인다. 이렇게 품이 많이 들어간 옷을 화가가 작업실에서 예사로 입고 있었을까? 화가는 검은색 옷과 대비되는 빨간 스타킹에 흰 양말을 신고 검은 구두를 신었다. 이런 차림은 작업복이 아니라 예복이며 페르메이르의 시대보다 한 세기쯤 전에 입었던 고답적인 의상이다. 대리석 바닥,

샹들리에, 화가의 복장은 모두 약간은 과장된 장치들이다.

　그렇다고 해서 이 그림에서 화가가 거짓말을 하고 있는 것은 아니다. 그림의 모델로 등장하는 여성, 머리에 월계관을 쓰고 커다란 책과 트럼펫을 든 여성은 푸른 망토로 몸을 감은 채 눈을 내리깔고 있다. 〈우유를 따르는 하녀〉〈편지를 쓰는 여인과 하녀〉〈레이스를 뜨는 여자〉 등 페르메이르의 많은 모델들은 정면을 바라보지 않고 눈을 내리깐 채 자신의 일에 몰두하고 있다. 또 〈편지를 읽는 푸른 옷의 여인〉을 비롯해서 여러 모델들이 푸른 옷을 입고 있다. 파랑은 노랑과 함께 페르메이르가 가장 선호하는 색상이었다. 자세히 보면 여성은 푸른 망토 밑에 노란 스커트를 입었다.

　신비로워 보이는 이 젊은 여성은 페르메이르가 그린 모든 모델들을 한 몸에 압축시켜놓은 듯한 느낌이다. 페르메이르 연구자들은 그녀가 역사의 뮤즈 클리오Clio라고 추측한다. 그녀가 든 책은 역사를, 트럼펫은 승리의 영광을 상징한다. 이 그림의 모델이 누구인지는 밝혀진 바가 없다. 〈회화의 기술〉을 그릴 당시 페르메이르는 큰딸 마리아에게 그림을 가르치고 있었다. 자신의 이야기를 담은 그림에 딸이자 후계자가 될 수도 있는 마리아를 모델로 등장시켰다는 가정은 자연스럽게 들린다. 다만 마리아로 보기에는 그림의 여성이 조금 성숙하다. 마리아는 1668년에 열네 살이었다. 클리오든, 아니면 페르메이르의 딸이나 또는 이웃집 처녀든 간에 그녀는 페르메이르가 즐겨 그렸던 대상, 수줍지만 신실해 보이며 삶의 신산함을 아직 맛보지 않은 젊은 여성 그 자체처럼 보인다.

네덜란드 화가로서의 자부심

페르메이르의 모든 그림들은 이야기를 담고 있다. 페르메이르 기념관의 자원봉사자 에벨리너의 말을 빌리면, 페르메이르 그림의 가장 큰 특징 두 가지는 '내밀함'과 '이야기'에 있다. 그러나 이 〈회화의 기술〉처럼 페르메이르 본인의 이야기를 풍부하고 섬세하게 담아낸 작품은 없다. 이 그림은 단순히 화가와 모델을 그린 게 아니라 페르메이르의 생각과 가치관 자체를 담고 있다. 그 증거는 여러 군데서 눈에 띈다.

예를 들면 화가와 커튼 사이에 있는 테이블에는 여러 물건들이 아무렇게나 놓여 있다. 접혀 있는 천, 펼쳐진 스케치북, 거꾸로 놓인 남자의 얼굴 조각 등. 이 조각은 대리석으로 만들어진 것이니 귀중한 물건인데도 테이블에 아무렇게나 놓여 있다. 16~17세기에 예술의 수도는 단연 로마였다. 이탈리아의 르네상스·바로크 예술은 유럽 화가들에게 선망의 대상이었다. 그리고 고대 로마 이후 이탈리아에서는 늘 조각이 융성했다. 화가는 아마도 이탈리아산일 이 대리석 조각을 테이블에 팽개쳐둔 채 그림을 그리고 있다. 모델은 거의 벽에 붙어 서 있다시피 한데, 그 벽에는 벽의 대부분이 가려질 만큼 커다란 네덜란드 지도가 걸려 있다.

이 대리석 조각과 지도는 화가가 우리에게 낸 일종의 수수께끼다. 정답은 그 누구도 알 수 없지만 아마도 페르메이르는 이런 말을 하고 싶었던 게 아닐까? 조각으로 대표되는 이탈리아 예술의 전성기는 이미 지나갔고, 무역과 상업으로 융성한 네덜란드가 이제 회

<hr>

〈회화의 기술〉의 확대 이미지

화가의 등 뒤에 놓인 테이블에 대리석 마스크가 거꾸로 엎어진 채 놓여 있다. 조각으로 대표
되는 이탈리아 르네상스, 바로크 시대가 가고 소박하지만 진실을 담은 네덜란드 회화의 시대
가 왔다는 페르메이르의 자부심이 표현된 부분으로 보인다.

화에서도 이탈리아의 자리를 넘보고 있다고 말이다. 페르메이르는 이탈리아 유학은 물론이고 네덜란드 밖으로 발을 디딘 적이 없다. 그는 암스테르담도 아닌, 델프트라는 작은 도시에서만 활동한 화가였다. 말하자면 페르메이르는 중산층에서 조금 위쪽 정도의 계층에 속해 있는 시민의 한 사람이었다. 평범하지만 당당한 네덜란드 시민으로서 페르메이르는 스페인제국의 지배를 벗어나 시민의 나라로 우뚝 선 조국에 대해 자부심을 가지고 있었음이 틀림없다.

그런 의미에서 보면 치밀하게 묘사된 천장의 샹들리에도 엇비슷한 이야기를 하고 있다. 금빛 샹들리에의 목 부분, 천장과 샹들리에 몸통을 잇는 부분에서 두 개의 머리를 가진 독수리가 날개를 둥글게 펼친 모습이 보인다. 쌍두 독수리는 한때 네덜란드를 지배했던 합스부르크 황가의 상징이다. 그러나 이 샹들리에에는 스튜디오의 분위기에 영 어울리지 않는 데다가 양초가 하나도 꽂혀 있지 않다. 양초를 꽂지 않은 걸로 보아 이 샹들리에에는 더 이상 사용되지 않는 물건이다. 네덜란드가 더 이상 합스부르크 황가나 여타 군주의 지배를 필요로 하지 않듯이 말이다.

우리는 그림에서 화가의 얼굴을 볼 수 없는 대신 그가 한창 그리고 있는 캔버스를 들여다볼 수 있다. 이 그림에서 페르메이르와 우리의 구도는 오케스트라를 지휘하는 지휘자와 관객과도 같다. 페르메이르는 우선 이 캔버스에 백연Lead white으로 초벌칠을 했을 것이다. 이 초벌칠 위에 보통은 회색이나 황색 등 두 번째 밑칠을 했는데 그림 속 캔버스에는 푸른색이 도는 회색으로 밑칠이 되어 있다. 화가는 모델의 머리 장식 부분부터 그려나가는 전통적인 방식의 화법을 구사하고 있다. 그가 막 그리고 있는 부분은 모델이 쓴 월계관, 즉 승리의 영광을 상징하는 부분이다. 화가는 붓을 든 오른손을 긴 막대기에 기대고 있다. 이 막대기는 그림을 그릴 때 손과 팔을 지지하는 도구다. 막대기의 한쪽 끝을 캔버스 오른편에 기대 놓고 다른 한쪽 끝을 화가가 왼손으로 잡아서 오른손을 받치는 역할을 한다. 영화 〈진주 귀고리 소녀〉(국내 개봉명 〈진주 귀걸이를 한 소녀〉)를 보면 페르메이르 역할을 맡은 콜린 퍼스가 극중에서 이 막대기로 손목을 받치며 그림을 그리는 장면이 나온다.

　화가가 자신의 스튜디오를 그리고, 그 그림의 일부에 스스로를 포함시키는 일은 드물지 않다. 렘브란트는 이미 20대에 커다란 캔버스를 바라보는 자신의 모습을 그림으로 그렸다. 페르메이르와 엇비슷한 시기에 스페인의 궁정화가였던 디에고 벨라스케스 역시 캔버스를 응시하는 자신의 모습을 유명한 〈시녀들〉에 포함시켰다. 이런 전통이 있다는 걸 페르메이르가 몰랐을 리 없다. 그는 일찍이 〈뚜쟁이〉의 한 일원으로 자신을 그렸고, 안타깝게 사라지긴 했지만 자화상도 그렸던 적이 있었다. 15세기 플랑드르 화가인 얀 반 에이크 이래 많은 화가들이 초상화 연습을 위해서, 또는 순전히 자신의 예술적 욕구를 충족시키기 위해서 자화상을 그렸다. 그러나 페르메이르는 이 그림, 화가로서의 정체성을 표현하는 〈회화의 기술〉에 자신의 얼굴을 그리지 않았다. 대신 그는 그림을 통해 '그림을 그리는 자신'을 응시한다. 이것은 렘브란트, 벨라스케스와는 또 다른 방식의, 겸손하고 내향적인 방식의 자기 응시다. 조국 네덜란드에 대한 자부심을 그림 속에 한껏 내비치긴 했지만 페르메이르는 결코 자기를 두드러지게 내놓는 화가, 스스로를 자랑하는 화가는 될 수 없었다.

다른 그림들과 마찬가지로 〈회화의 기술〉에 대해 페르메이르가 남긴 기록은 전혀 없다. 심지어 우리가 이 그림에 등장한 화가의 뒷모습을 페르메이르라고 짐작하는 것 자체도 억측일지 모른다. 다만 이 화가가 어깨 뒤로 넘긴 갈색의 긴 곱슬머리는 초기작인 〈뚜쟁이〉에서 악기를 든 왼편의 남자, 많은 연구자들이 페르메이르의 자화상으로 추측하는 그림 속 남자의 헤어스타일과 흡사하다. 그러고 보면 〈뚜쟁이〉의 남자가 쓴 모자와 〈회화의 기술〉의 화가가 쓴 모자도 거의 똑같다. 무엇보다 이 남자가 페르메이르의 뒷모습, 아니, 화가 자신의 가치관이 투영된 모습이 아니라면 왜 굳이 페르메이르 본인이 이 그림을 스튜디오에 남겨두었으며 카타리나가 이 그림만은 팔지 않으려 했는가에 대해 설명할 방법이 없다.

이 그림에서 어찌 보면 가장 중요한 부분은 그림의 전면에 두드러지게 나와 있는 커튼과 의자다. 태피스트리처럼 두툼한 커튼에는 군데군데 흰 점들, '빛의 방울'들이 찍혀 있다. 이 섬세한 마무리 덕분에 커튼은 빛을 받아 반짝이는 듯한 느낌을 준다. 왜 그림의 전면에 커튼을 쳤을까? 막이 올라가면 시작되는 연극처럼, 이 모든 장면이 페르메이르 자신이 꾸민 '연극'이라는 암시가 아닐까? 연극이라기보다는 페르메이르가 스스로 연출한 스튜디오의 모습이라고 표현하는 편이 더 적합할 것이다. 그리고 그 커튼의 옆에는 비어 있는 의자가 있다. 화가는 그림을 보는 이들에게 이렇게 이야기한다. '저는 페르메이르라는 화가입니다. 지금 보시는 것처럼 젊고 아름다운 여성들. 빛을 받은 실내의 고요한 장면을 그리는 것이 저의 역할입니다. 만약 제 그림이 마음에 드시고 그림을 사기를 원하신다면, 비어 있는 의자에 앉아서 조금만 기다려주시기 바랍니다'라고.

우리와 페르메이르 사이에는 350년이라는 긴 시간의 장벽이 가로놓여 있다. 그러나 가끔 예술을 통해서 우리는 시간과 공간의 장벽을 잠시나마 뛰어넘을 수 있을 듯한 꿈을 꾸게 된다. 이 공간에 들어가 저 의자에 앉아 있을 수 있다면, 수수께끼의 화가 페르메이르는 우리에게 얼굴을 돌리고 나지막한 목소리로 환영의 인사를 들려줄지도 모른다.

페르메이르의 신앙고백

대부분의 독자들이 짐작하다시피, 페르메이르라는 화가는 내향적인 사람이었다. 그는 그림을 통해 우리에게 수많은 이야기를 들려주지만 정작 자신의 이야기를 그림에 담으려는 시도는 거의 하지 않았다. 〈회화의 기술〉이 중요한 이유는 이 그림이 페르메이르의 생각과 가치관을 보여주는 드문 작품이기 때문이다.

페르메이르 개인의 이야기를 담고 있다는 인상을 주는 그림은 두세 점 더 있다. 〈회화의 기술〉보다 3, 4년 정도 앞서 그려진 〈저울을 든 여인〉이 내게는 그런 느낌을 주는 작품이다. 이 그림은 〈금을 다는 여인〉이라는 제목으로도 알려져 있는데 그 이유는 1696년 암스테르담에서 열린 페르메이르 작품 경매에 그림의 설명이 '금을 다는 여인을 그린 페르메이르의 걸작'이라고 붙어 있었기 때문이다. 당시 경매 참가자 중 〈우유를 따르는 하녀〉를 산 응찰자가 이 그림도 함께 사 갔다고 한다. 그림은 1911년 미국으로 팔려가 현재는 워싱턴 D. C.의 미국 국립미술관에 소장되어 있다.

그림에 등장하는 여자는 흰 털이 달린 푸른 웃옷에 노란 치마를 입고 천칭 같은 저울을 오른손에 든 모습이다. 그녀가 왼손을 짚고 있는 테이블에는 진주 목걸이를 비롯해 보석과 동전이 흩어져 있다. 저울은 금처럼 반짝이며 빛을 낸다. 여인의 뒤로는 커다란 그림이 걸려 있고 늘 그러하듯이 빛은 왼편에 있는 창을 통해 들어온다. 그런데 이 그림에는 여느 페르메이르의 그림들에 비해 조금씩 다른 점들이 눈에 뜨인다. 창은 왼편의 높은 곳에 배치되어 있으며 저울을 들고 있는 여자는 임신 중인 듯하다. 여자는 우리 눈에 익은, 다른 그림에서는 노란색으로 그려졌던 짧은 웃옷을 입고 있다. 색깔이 노랑이 아니라 파란색으로 칠해졌다는 점에 주목할 필요가 있다. 그녀는 두건 같기도 하고 베일 같기도 한 흰 천을 둘러 머리카락을 가렸다.

결정적으로 이 그림에는 이상한 점이 하나 있다. 여인이 든 저울이 금처럼 반짝거리기는 하지만, 이 저울 위에는 아무것도 놓여 있지 않다. 그러니까 〈금을 다는 여인〉이나 〈진주를 다는 여인〉은 모두 잘못 붙여진 제목인 셈이다. 여인은 그저 빈 저울을 들고 있다. 페르메이르의 그림에서 수수께끼가 등장할 때마다 유심히 살펴보아야 할 부분은 바로 '그림 속의 그림'이다. 이 그림에서도 제법 커다란 그림이 여인의 뒤편으로 배치되어 있다. 자세히 보면 그림의

〈저울을 든 여인〉 캔버스에 유채, 39.7×35.5cm, 1664, 미국 국립미술관, 워싱턴 D. C.

한때 〈금을 다는 여인〉이라는 제목으로도 알려졌던 그림이다. 그림을 자세히 들여다보면 여인이 든 저울은 비어 있다. 아기를 가진 여인은 보석이나 재화가 아니라 곧 태어날 아이의 영혼의 무게를 달아보려 하고 있는 것이 아닐까? 위쪽에서 들어오는 빛과 벽에 걸린 그림 〈최후의 심판〉이 작품에 신비로운 분위기를 더해준다.

액자가 왼편으로 약간 비뚤어지게 걸린 것을 알 수 있다. 이것은 화가가 우리에게 보내는 신호나 암시 같다. '자, 이 그림을 놓치지 말고 꼭 눈여겨보아주십시오' 하는 신호 말이다.

그림은 「요한묵시록」의 장면인 '최후의 심판'을 담고 있다. 하늘에 홀연히 나타난, 옥좌에 앉은 예수의 모습과 왼편에서 부름받아 일어나는 선한 영혼들, 오른편에 지옥에 떨어지는 영혼들이 선명히 보인다. 페르메이르의 '그림 속 그림' 중에서 이 정도로 명확하게 그려진 작품을 찾기는 쉽지 않다. 아이를 가진, 푸른 옷을 입고 머리를 두건으로 가린 여인과 그녀의 손에 있는 빈 저울, 테이블에 흩어진 보석들, 방을 장식하고 있는 〈최후의 심판〉, 그리고 왼쪽 위편에서 내려오고 있는 빛…… 그림의 모든 구성요소들은 우리에게 또다시 이야기를 들려주고 있다. 여인이 든 저울은 그녀가 잉태하고 있는 영혼의 무게를 달기 위한 것일지도 모른다. 〈최후의 심판〉에서 예수는 선과 악을 판단하는, 정의를 가르는 역할을 한다. 저울 역시 정의를 상징한다. 그래서 법의 여신은 늘 저울을 든 모습으로 나타난다.

이 그림에서 드물게 페르메이르는 자신의 신앙을 드러낸다. 〈최후의 심판〉 그림은 명백히 가톨릭을 의미한다. 개신교는 성상이나 성화를 섬기지 않았기 때문에 네덜란드 화가는 이런 그림을 그릴 필요가 없었다. 페르메이르 일가가 살았던 동네는 '파펜호크 papenhook', 즉 교황의 땅이라고 불리는 동네였다. 당시 델프트의 가톨릭 교인들은 이 지역에 주로 모여 살았다. 소설 『진주 귀고리 소녀』에서 하녀가 된 그리트는 페르메이르 일가가 가톨릭 교인이라는 점 때문에 그의 집에 가기를 주저하고, 십자가에 매달린 예수를 그린 그림을 보며 두려워한다. 칼뱅파인 그리트는 이런 성화를 본 적이 없었던 것이다.

그림의 모델은 역시 화가의 아내 카타리나였을 가능성이 높다. 그녀의 복장은 〈편지를 읽는 푸른 옷의 여인〉과 엇비슷하다. 동시에 푸른 옷을 입고 머리를 가린 여인의 모습은 성모 마리아를 연상케 하기도 한다(종교화에서 성모는 붉은 옷 위에 푸른 망토를 걸친 모습으로 그려진다). 결정적으로 왼편 위에서 들어오는 빛 때문에 방 안은 페르메이르가 그린 다른 실내보다 어둑하다. 위에서 내려오는 빛은 신의 은총처럼 느껴진다. 곧 아이를 낳을 여인은 자신의 아이가 '최후의 심판'에서 구원받을 선한 영혼으로 태어나기를 간구하고 있는 게 아닐까. 선한 영혼은 그 무게를 달 수 없으며 테이블에 흩어진 여러 보석이나 동전보다 훨씬 더 존귀한 존재임이 분명하다.

그런 시각에서 이 그림을 보면 가톨릭 신자였던 페르메이르가 그림을 통해 자신의 신앙을 고백하고 있다는 느낌을 준다. 화가는 여인의 옷과 손, 손톱에 무수히 작은 흰 점들을 찍어놓았다. 여인은 빛, 아니, 신의 은총 속에서 반짝이고 있다. 페르메이르는 자신의 아내를 모델로 등장시킨 이 그림에서 아기의 영혼이 정의롭고 선하기를 간구하고 있는지도 모른다. 〈회화의 기술〉이 화가로서 페르메이르의 정체성을 구현한 그림이라면 〈저울을 든 여인〉은 가톨릭 신자인 페르메이르, 그리고 태어날 아이를 기다리는 한 가족의 가장으로서의 페르메이르의 모습을 담고 있는 그림처럼 보인다. 개인의 소망을 고백한 그림들을 통해 페르메이르는 먼 과거의 화가에서 우리 곁으로 성큼 다가오는 느낌이다.

페르메이르가 그린 남자들

페르메이르에 대한 다양한 정보와 해설을 담은 웹사이트 에센셜 페르메이르essentialvermeer.com에는 흥미로운 분석이 하나 있다. 페르메이르의 그림에 등장하는 여자는 모두 40명이지만 남자는 열네 명에 불과하다는 것이다. 단순히 숫자상의 차이뿐만 아니라 페르메이르의 그림에서 남자가 주인공인 경우는 별로 없다. 대부분의 그림은 남자와 여자가 같이 등장하거나, 아니면 한두 명의 여자만이 등장한다. 후반부로 갈수록 페르메이르의 그림은 간결해지는 경향이 있다. 그래서 초창기의 작품을 제외하면 그의 그림에 남자는 거의 보이지 않는다. 〈회화의 기술〉이 알려주는 것처럼, 그의 관심사는 실내 풍경과 어우러지는 젊고 고상한 여성들이었다.

여기서 유일한 예외가 〈천문학자〉와 〈지리학자〉다. 이 두 그림은 페르메이르가 남자 한 명씩만을 그린 단 두 점의 작품이다. 두 그림은 거의 같은 사이즈의 캔버스에 그려졌다(〈천문학자〉가 50×45센티미터, 〈지리학자〉가 52×45.5센티미터다). 그림의 구성도 다른 점을 찾기 어려울 정도로 비슷하다. 재미있는 사실은 〈천문학자〉에서 남자가 막 손을 대려 하는 천구의(우주의 모습을 담은 모형으로 지구의와는 다르다)가 〈지리학자〉에서는 뒤편의 캐비닛에 올려져 있다는 점이다. 두 남자 중 천문학자는 수염을 길게 기르고 지리학자는 수염이 없는 모습이지만 이 두 학자는 한 사람을 모델로 해서 그려진 듯하다.

그런데 두 그림의 모델이 왜 상인이나 목사, 지역 유지나 후원자 등이 아닌 과학자일까? 천문학자나 지리학자는 예나 지금이나 주

〈천문학자〉 캔버스에 유채, 50×45cm, 1668, 루브르 박물관, 파리

천문학자는 경외감이 담긴 손길로 천구의에 손을 대려 하고 있다. 창에서 들어오는 빛을 받아 천구의 자체가 반짝거리며 빛나는 것처럼 보인다.

〈지리학자〉 캔버스에 유채, 52×45.5cm, 1669, 슈테델 미술관, 프랑크푸르트
이 그림의 실내 구조는 〈천문학자〉와 상당히 비슷하다. 〈천문학자〉에서 책상 위에 놓여 있던
천구의가 방의 뒤편 캐비닛 위에 올려져 있다.

위에서 흔히 볼 수 있는 직업은 아니다. 이러한 특수한 직업을 가진 이들을 그림으로 그린 이유는 아마 둘 중의 하나일 듯싶다. 첫 번째는 페르메이르의 주위에 과학과 관련된 일을 하는 사람이 있었을 가능성이다. 페르메이르는 성 루가 길드의 회원이자 델프트의 민병대원이기도 했다. 렘브란트의 〈야경〉에서 알 수 있듯이, 네덜란드 도시와 각 지역에는 자신의 가정과 이웃을 지키는 민병대가 많이 조직되어 있었다. 민병대에 가입한 회원들은 무기와 군복 등을 직접 사서 갖춰 입어야 했다. 자연히 민병대원들은 그 도시에서 어느 정도 지식과 재산이 있는 사람들로 구성되었고 페르메이르는 이 민병대에서 엇비슷한 수준의 친구들을 만나 교류했을 것이다. 이 친구들 중에 현미경을 발명한, 그리고 페르메이르 사후 그의 유산 집행인이 된 레이위엔훅이 끼어 있었을지도 모른다.

두 번째는 그림을 주문한 이가 '하늘'과 '땅'이라는 특정한 주제를 제시했을 가능성이다. 천문학자는 미지의 영역인 하늘을, 지리학자는 우리가 발을 딛고 있는 땅을 연구하는 사람이다. 그렇다면 그림을 주문한 이가 이 두 가지 주제를 다룬 한 쌍의 그림을 원했고, 페르메이르는 이 거창한 주제를 자신만의 방식(빛이 가득한 방에서 연구에 몰두하는 두 학자)으로 소화해낸 것이 아니었을까? 어떤 쪽이든 간에 두 그림을 주문한 사람은 한 명일 가능성이 높다. 아예 주문자 본인이 그림의 모델을 자처했을지도 모른다.

〈천문학자〉와 〈지리학자〉는 기본적으로 같은 구도의 그림이다. 방의 왼편에 반투명한 창이 있어서 간소한 방 안을 환히 비추고 있다. 〈천문학자〉에서는 의자에서 반쯤 일어난 천문학자가 친구의에

막 손을 대려 하고 있다. 그의 동작, 그리고 눈길에서 과학과 지성에 대한 경외감, 호기심 같은 감정들이 교차한다. 테이블에는 컴퍼스와 책이 올려져 있고 뒤편 벽에 걸린 그림은 〈편지를 쓰는 여인과 하녀〉에서와 마찬가지로 바구니에 든 모세를 건지는 이집트 공주의 모습을 담고 있다. 이 모든 장치들은 진리에 대한 갈망, 그리고 과학이라는 엄정한 세계를 탐구하는 과학자의 진지한 태도를 느끼게끔 해준다.

창에서 들어오는 햇빛을 받고 있는 천문학자의 얼굴은 긴 수염 때문에 얼핏 장년처럼 보인다. 하지만 얼굴을 꼼꼼히 뜯어보면 그리 나이 들어 보이는 얼굴이 아니다. 페르메이르는 두 그림의 모델을 달리 보이게 하려고 굳이 없는 수염을 그렸을지도 모른다. 〈천문학자〉와 〈지리학자〉의 얼굴은 볼수록 비슷하다. 페르메이르는 이 두 그림에 자신의 서명과 완성 연도를 모두 명기했는데 〈지리학자〉의 경우는 서명과 연도가 지나치게 눈에 띄는 위치에 있어서 후대에 누군가가 가필한 것이라는 의혹을 사고 있다.

〈천문학자〉가 막 자리에서 일어나려는 과학자의 모습, 즉 '동작'을 담은 데에 비해 〈지리학자〉는 책상을 짚고 서서 컴퍼스를 든 채 지도의 어느 부분을 바라보며 '상념'에 잠겨 있다. 이 학자들이 탐구하려 하는 대상, 천구의와 지도는 환한 빛에 싸여서 그 자체에서 빛을 발산하는 것처럼 보인다. 지식의 세계는 무한한 가능성과 미지의 보고이며, 그 빛나는 세계에 도전하는 학자의 얼굴은 진지하고도 겸손하다.

남자들을 등장시켰다는 점을 빼면 〈천문학자〉와 〈지리학자〉는 페르메이르 특유의 울림에서 많이 벗어나지 않는 작품들이다. 페르메이르의 그림 속 여성들처럼 이 남자들은 거짓 없이 신실해 보이는 얼굴로 자신들의 일에 몰두해 있다. 굳이 다른 점이 있다면 여성들의 일이 일상의 평범함을 벗어나지 못하는 데 비해서 이 남자들은 미지의 세계를 탐구하고 있다는 점이다. 작은 도시 델프트를 평생 떠나지 않았지만 페르메이르는 더 넓은 세상에 대한 동경과 호기심을 마음 속에 남몰래 품고 있었을지도 모른다. 그렇다면 우주와 지구라는 남다른 영역에 도전하는 이 남자들의 모습 어딘가에 페르메이르 자신의 모습이 투영되어 있지 않을까? 두 남자는 모두 갈색의 부스스한 곱슬머리를 어깨까지 기르고 있는데 〈뚜쟁이〉와 〈회화의 기술〉에서 페르메이르로 짐작되는 남자 역시 엇비슷한 갈색머리의 소유자였다. 물론 이 모든 가정을 증명할 수 있는 증거는 없다. 〈회화의 기술〉 속의 페르메이르는 우리에게 등을 돌린 채, 차분하게 자신의 그림에 몰두하고 있을 뿐이다.

사라진 자화상

얀 반 에이크의 〈자화상〉을 시작으로 루벤스, 판 다이크, 렘브란트 등 플랑드르와 네덜란드에서 활동한 유명 화가들은 모두 여러 자화상을 남겼다. 페르메이르 역시 예외가 아니다. 그의 자화상은 분명 있었던 것 같지만 안타깝게도 현재 행방이 묘연하다.

1696년, 암스테르담에서 〈델프트 풍경〉〈음악 레슨〉〈우유를 따르는 하녀〉 등 페르메이르의 그림이 무더기로 경매에 부쳐졌다. 그의 중요한 후원자인 판 라위번의 상속자가 모두 죽자 판 라위번의 소장작들이 모두 경매에 넘어간 것이다. 이 경매에서 팔려나간 페르메이르 작품은 모두 21점으로, 그중 열다섯 점은 현존하지만 나머지 여섯 점은 경매 이후로 행방이 묘연하다.

경매에 나온 판 라위번이 소장했던 페르메이르의 작품 중에 '여러 사물들과 함께 그려진 화가의 자화상, 특별하게 아름다운 그림'이라고 카탈로그에 기재된 작품이 있었다. 이 그림은 45휠던이라는 헐값에 팔려나간 이후 어디서도 나타나지 않았다.

혹시 카탈로그에 기재된 작품은 화가의 뒷모습이 그려진 〈회화의 기술〉이 아닐까? 1696년 경매에서 대부분의 페르메이르 작품들은 매우 싼 값에 낙찰되긴 했지만 〈회화의 기술〉이 겨우 45휠던에 낙찰되지는 않았을 것이다. 이 경매에서 〈우유를 따르는 하녀〉가 175휠던, 〈저울을 든 여인〉이 155휠던에 낙찰되었는데 〈회화의 기술〉은 〈우유를 따르는 하녀〉보다 더 크고 화려한 그림이다. 또 〈회화의 기술〉에 그려진 화가의 뒷모습을 굳이 페르메이르의 자화상이라고 기술할 이유도 없다.

19세기 중반 토레뷔르거가 처음으로 페르메이르에 대한 체계적인 연구를 시작한 이래, 여러 페르메이르 전문가들이 그의 자화상을 추적해왔다. 토레뷔르거는 페르메이르의 〈뚜쟁이〉에 그려진 왼편의 남자와 거의 비슷한 장발에 검은 모자를 쓴 남자가 그려진 그림을 발견하고 이 작품이 실종된 페르메이르의 자화상이라고 주장했다. 그러나 이 그림은 17세기 네덜란드 화가인 미힐 판 뮈스허르Michiel van Musscher의 〈스튜디오에 있는 화가의 자화상〉으로 밝혀졌다.

브뤼셀의 벨기에 왕립미술관에 소장된 〈성명 미상의 남자〉 초상이 유력한 페르메이르 자화상 후보로 떠오른 적도 있다. 그러나 이 그림은 1696년 경매 카탈로그의 '여러 사물들과 함께 그려진 화가의 자화상'이라는 설명에 정면으로 배치된다. 그림의 배경에는 짙은 어둠과 모델의 그림자만 그려져 있을 뿐이다. 이 그림은 페르메이르와 동시대의 풍속화가

야코뷔스 레벅Jacobus Leveck이 그렸다는 설이 유력하다.

결국 우리가 확인할 수 있는 페르메이르의 얼굴은 〈뚜쟁이〉에 그려진, 유쾌한 듯 시니컬한 듯 미소를 짓고 있는 그림 왼편의 남자가 유일한 듯싶다. 물론 루벤스나 카라바조의 그림이 오스트리아나 프랑스 등의 고성 다락방에서 발견되었듯이, 어디선가 홀연히 페르메이르의 자화상이 나타날지도 모른다. 만약 그런 일이 실제로 벌어진다면 이 뉴스는 21세기 미술계 최대의 사건으로 기록될 것이 분명하다.

야코뷔스 레벅의 작품으로 추정되는 〈성명 미상의 남자〉

화가의 죽음,
그리고 그 이후

런던

불운한 만년과 급작스러운 죽음

만약 당신이 '최선을 다해 노력하면 인생은 내 뜻대로 잘 풀려나갈 거야'라고 생각한다면, 당신은 아직 세상을 충분히 겪어보지 못한 사람이다. 삶을 어느 정도 살아보면 운명이란 게 그리 호락호락하지 않다는 사실을 깨닫게 된다. 가끔 운명은 아무런 예고도 없이 사람들에게 가혹한 시련을 주고 그들의 의지를 배반하며 아예 삶을 통째로 망가뜨려버리기도 한다. 우리는 그런 사람들이 불운한 운명을 타고났다고 생각한다. 페르메이르 역시 이런 '불운한 운명'에서 벗어나지 못한 사람이었다.

30대 후반까지 페르메이르의 인생은 평온했다. 여전히 그림을 그리는 속도는 느렸고 아이들이 거의 매년 태어나긴 했지만 그림을 정기적으로 사주는 부유한 후원자가 있었고 상속받은 여인숙 메헬런에서도 어느 정도는 수익이 나왔다. 1670년에는 델프트 성 루가 길드의 화가 대표로 다시 선출되었다. 1672년 페르메이르가 조합의 다른 화가 두 명과 함께 이탈리아에서 온 그림들을 감정하기 위해 헤이그에 다녀왔다는 기록이 있다. 페르메이르는 이탈리아를 방문한 적이 없었다. 그런데도 이 감정단에 참여한 이유는 그가 성 루가 길드 대표였기 때문으로 보인다. 여전히 페르메이르는 델프트에서 제법 유명한 화가였다.

타격은 외부에서 왔다. 1672년은 네덜란드 역사에 '재난의 해'로 기록되어 있다. 이해에 프랑스가 네덜란드를 침공하자 네덜란드 각 지역은 수문을 열어 프랑스군의 영토 침범을 막으려 했다. 이런 노력에도 불구하고 네덜란드군은 프랑스군에게 패배했다. 이 와중에 마리아 틴스의 농지가 물에 잠기면서 페르메이르 일가의 자금 사정이 나빠지기 시작했다.

프랑스, 영국, 바이에른왕국 등과의 전쟁에 계속 휩쓸리며 네덜란드 전체의 경제 상황은 급격히 위축되었다. 예나 지금이나 불경기가 닥치면 사람들은 문화 관련 지출부터 줄인다. 페르메이르의 작품도, 또 그가 거래하는 그림도 팔리지 않았다. 이미 1660년대 말부터 네덜란드의 구매자들 사이에서는 이탈리아풍이나 프랑스풍의 장대한 그림을 선호하는 경향이 생겨나고 있었다. 1670년대 초반에 완성한 〈신앙의 알레고리〉는 언뜻 보기에 페르메이르의 작품 같지가 않다. 페르메이르는 이런 그림으로 변화하는 고객의 취향을 맞추어보려 했는지도 모른다. 화가들은 살기 위해 다른 직업을 알아보거나 다른 나라로 떠났다. 유명한 풍속화가인 얀 스테인은 붓을 던지고 술집 운영에만 주력했다. 네덜란드 전역에서 파산하는 화가가 속출했다.

<신앙의 알레고리> 캔버스에 유채, 114.3×88.9cm, 1670~1672, 메트로폴리탄 미술관, 뉴욕
탄식하는 표정으로 지구본을 밟고 있는 여자, 바닥의 뱀, 십자가에 못 박힌 예수 그림, 천장에
걸린 투명한 유리공, 모든 면에서 기존 페르메이르 그림과는 달라 보이는 작품이다. 이 그림을
그릴 무렵, 페르메이르는 어려운 경제 상황에서 살아남기 위해 프랑스풍의 화려한 작품을 그
려야만 하는 처지에 몰려 있었는지도 모른다.

가장 큰 문제는 페르메이르의 가족이 당시 네덜란드에서도 보기 드문 대가족이라는 점이었다. 17세기 네덜란드에서 한 가정은 보통 서너 명의 아이를 키웠는데 페르메이르의 집에는 무려 열한 명의 아이들이 있었다. 페르메이르는 판 라위번에게 여러 번 돈을 빌렸고 상속받은 메헬런의 지분을 팔기도 했다. 마음의 평정을 잃은 상태에서 그림을 그릴 수는 없었던 모양이다. 작품 완성은 점점 더 늦어졌고 미리 사놓은 다른 화가들의 그림도 팔지 못했다. 1674년 오랜 후원자 판 라위번이 사망하면서 작품의 판로는 완전히 막혀버렸다.

가장이 돈을 벌지 못하는 상황이 몇 년간 계속되며 그의 가족은 점점 더 빈곤의 늪으로 굴러떨어졌다. 1675년에 페르메이르가 암스테르담의 상인에게 1000휠던을 빌렸다는 기록이 남아 있다. 당시 중산층 상인의 한 해 수입이 2000휠던 정도였으니 큰돈을 빌린 셈이다. 빵을 살 돈도 없어서 페르메이르의 그림 고객 중 한 사람이던 빵장수 헨드릭 판 바위턴에게 계속 외상으로 빵을 가져와야 했다. 1674년 큰딸인 마리아가 결혼해 집을 떠나긴 했지만 그에게는 여전히 부양해야 할 아내와 열 명의 아이들이 있었다.

이런 곤궁함과 빈곤에서 오는 엄청난 스트레스가 결국 화가를 죽음으로 몰고 갔다. 1675년 12월 13일이나 14일, 페르메이르는 세상을 떠났다. 마흔셋, 화가로서도 한 남자로서도 아까운 나이였다. 카타리나는 "남편이 아이들을 먹여 살릴 길이 없는 상황에서 반미치광이처럼 되었다가 가슴을 움켜쥐고 쓰러졌다. 그리고 하루 정도 앓다가 세상을 떠났다. 쓰러지기 직전까지도 남편은 건강했다"라고 증언했다. 12월 16일에 그는 먼저 사망한 세 아이가 묻혀 있던

델프트 구교회와 내부의 페르메이르 무덤 표지석 설명을 보는 관광객

이 교회에 있는 페르메이르의 가족 무덤에는 화가와 세 아이, 장모 마리아 틴스와 처남 빌럼 볼너스가 묻혔다. 그러나 무덤의 표지석은 페르메이르가 타계한 1675년이 아니라 20세기 들어 만들어졌다. 1675년에 페르메이르의 가족은 무덤 표지석을 만들 경제적 여유가 없었다. 구교회 내부 어디에 페르메이르가 묻혀 있는지는 알 길이 없다.

델프트 구교회의 가족 묘지에 매장되었다. 델프트 구교회의 바닥에는 페르메이르 일가의 무덤이 있음을 알리는 간소한 표지가 있다. 표지석이 17세기 묘비치고는 지나치게 말끔해서 의외였는데 알고 보니 이 표지는 1975년 델프트시에서 만든 것이었다. 표지석이 있는 자리가 정확한 무덤 위치도 아니었다. 교회 바닥 중 어디에 페르메이르가 묻혀 있는지는 알 길이 없다.

페르메이르의 사후에 카타리나는 빵장수 판 바위턴에게 그동안 밀린 외상값 대신 남편의 그림 두 점을 주었다. 이때 판 바위턴이 받았던 작품은 만년의 그림인 〈편지를 쓰는 여인과 하녀〉와 〈기타 연주자〉다. 두 그림의 완성 연도는 1671년과 1672년이다. 페르메이르는 이 두 작품을 3년 동안 팔지 못하고 스튜디오에 남겨두었던 것이다. 외상값은 617휠던이었다. 이 정도 금액의 빵이면 3500킬로그램이 넘었다. 페르메이르 일가는 몇 년이나 빵장수에게 빵값을 지불하지 못했다는 이야기다. 617휠던은 당시 페르메이르의 작품 두 점 값보다 더 많은 금액이었다. 카타리나는 그림을 넘겨주면서 나중에라도 외상값을 갚으면 그림을 되찾아올 수 있도록 계약서를 썼지만 그녀는 결국 그림을 찾아오지 못했다. 판 바위턴은 25년 이상 이 두 그림을 가지고 있었다고 한다.

런던에 있는 만년의 그림들

판 바위턴이 받은 두 그림 중 하나인 〈기타 연주자〉는 런던의 켄우드하우스에 있는 작품으로 보인다. 사실 이 그림이 판 바위턴이 받은 그림이라는 확증은 없다. 판 바위턴이 받은 작품은 '시턴을 연주하는 사람'을 담고 있다고 기록되어 있는데 사라진 그림 중에 엇비슷한 작품이 있었을 수도 있다. 페르메이르의 흔적은 여전히 너무나 드물고 그 흔적을 더듬어서 남아 있는 퍼즐을 맞추는 일은 아직도 진행 중이다. 〈기타 연주자〉는 1794년 2대 파머스턴 준남작이 사들이면서 영국으로 건너왔다. 페르메이르의 그림 중에 버지널, 시턴, 플루트, 류트 등의 악기가 등장하는 그림은 모두 열한 점이다. 그중 네 점이 런던이나 런던 근교에 있다. 〈음악 레슨〉은 영국 왕실의 소유로 윈저성에 걸려 있다. 〈기타 연주자〉는 켄우드하우스에, 버지널을 연주하는 여성의 모습을 담은 만년의 두 작품은 내셔널갤러리의 소장작이다.

〈기타 연주자〉는 노란 웃옷을 입은 여성이 기타와 엇비슷한 악기 시턴을 연주하는 장면을 담고 있다. 페르메이르의 그림 중에서는 드물게 빛이 오른편에서 들어오는 작품이다. 방 안은 전체적으로 매우 환하고 예쁘게 머리를 다듬은 여성의 뒤편에는 이탈리아풍 풍경화가 한 점 걸려 있다. 이 그림을 그릴 당시 페르메이르의 주변은 온통 암울했다. 그런 암담함을 그림에 나타내지 않으려는 화가의 노력이 엿보이는 듯한 그림이다. 그래서일까, 이 그림을 켄우드하우스에서 직접 보았을 때 그리 커다란 감흥은 일지 않았다. 너무나 환하다는 것이 그림에 대한 솔직한 첫인상이었다. 여성의 얼굴도 그저 밝기만 할 뿐 다른 페르메이르의 그림 속 여성들처럼 풍부한 표정은 보이지 않았다. 모델은 페르메이르 모델들의 공통된 특

〈**기타 연주자**〉 캔버스에 유채, 53×46.3cm, 1672, 켄우드하우스, 런던

페르메이르의 그림치고는 이례적으로 빛이 오른편에서 들어오도록 설정되어 있다. 〈기타 연주자〉는 다른 작품들에 비해 화가 특유의 고요함과 시적 정서가 부족한 듯한 느낌을 준다. 밝고 환한 여성의 모습을 담고 있지만 이 그림을 그릴 당시 페르메이르는 날로 악화되는 경제 상황에 쪼들리고 있었다.

징인 동그란 이마를 가진 젊은 여성이다. 금발의 곱슬머리를 여러 가닥으로 나누어 묶고 진주 귀고리와 목걸이를 걸었다. 비록 본인은 갖가지 근심 걱정에 싸여 있었지만, 이 그림에서 페르메이르가 묘사하려 했던 대상은 부유한 집안에서 근심 없이 자라난 처녀였던 듯하다.

런던 북부, 햄프스테드히스에 있는 켄우드하우스는 영국의 맨스필드 백작 가문이 소유했던 3층 저택으로 소장작 못지않게 건물 자체가 아름다운 미술관이다. 이 미술관은 렘브란트가 만년에 그린, 두 개의 반원을 뒤로하고 화가가 서 있는 모습을 담은 자화상을 대표 작품으로 홍보하고 있다. 35점에 불과한 페르메이르의 완성작 중 하나를 가지고 있는데도 불구하고 이 그림을 별로 내세우지 않는 이유는 〈기타 연주자〉가 페르메이르 특유의 시적 감흥이나 영롱한 빛의 효과를 그다지 느낄 수 없는 작품이기 때문이 아닐까 싶었다. 알버트 블랑커르트는 이 그림을 두고 "페르메이르가 일종의 매너리즘에 빠졌다"라고 냉정하게 평가한다. 런던 내셔널갤러리의 소장작들도 엇비슷하다. 이 미술관이 소장한 두 점의 페르메이르 작품은 그리 눈에 띄지 않는 전시실에 걸려 있어서 찾으려면 한참 발품을 팔아야 한다. 내셔널갤러리의 〈버지널 앞에 앉은 젊은 여인〉은 페르메이르가 그린 마지막 작품으로 추정된다.

어떤 예술가들은 최고의 걸작을 너무 빨리 생산해버린다. 슈베르트의 〈마왕〉과 〈물레 잣는 그레첸〉은 그가 열일곱 살 때 완성된 곡들이며 미켈란젤로의 〈피에타〉는 스물네 살 때의 작품이다. 베를리오즈는 서른도 안 되어 〈환상교향곡〉을 작곡했다. 물론 '최고의 걸작이 예술가의 인생 중 언제 완성되는가'는 예술가 개인마다 다른 문제다. 베토벤은 쉰네 살에 교향곡 9번 〈합창〉을 작곡한 후 쉰일곱 살에 사망했으며 마네의 〈폴리 베르제르의 바〉도 화가가 죽기 1년 전에 완성한 걸작이다. 모네는 여든여섯 살에 사망하기 직전까지 19미터 길이의 캔버스에 〈수련〉을 그리고 있었다. 신이 예술가에게 천재성을 부여했다면, 그 천재성의 절정이 언제 오게 되는지도 역시 신만이 알 수 있는 문제다. 그러나 그 어떤 경우든 간에 천재적인 창작력은 무한히 지속될 수 없다. 창작력의 고갈은 많은 예술가를 고통과 절망 속에 몰아넣고 심지어 그들의 죽음을 불러오기까지 한다.

페르메이르는 스물한 살에 직업 화가의 인생을 시작해서 스물여덟 살에 〈우유를 따르는 하녀〉를, 그다음 해에 〈델프트 풍경〉을, 서른세 살에 〈진주 귀고리 소녀〉를 그렸다. 〈회화의 기술〉을 완성한 시기도 아무리 늦춰 잡아야 서른다섯 살이다. 화가는 가혹한 운명에 휩쓸리며 사십 대 초반의 아까운 나이로 세상을 떠났지만, 그의 천재성은 마흔에 이르기 전에 이미 상당 부분 소진된 상태였다. 만년의 서너 작품들은 페르메이르 특유의 내밀함도, 빛에 대한 놀라운 감각도, 시적 감흥도 잃어버린 평범한 그림들이다.

빈 미술사박물관의 〈회화의 기술〉은 웅장한 바로크 시대의 걸작들 사이에서 조금도 그 광휘를 잃지 않고 있었다. 반면 런던 내셔널 갤러리의 관람객들 대부분은 페르메이르의 〈버지널 앞에 선 여인〉을 그저 무심히 지나쳤다. 이 그림에는 〈회화의 기술〉처럼 놀라운 반짝임이나 〈진주 귀고리 소녀〉처럼 보는 이의 시선을 절로 잡아끄는 영롱함이 없다. 옆으로 선 채 정면을 바라보고 버지널을 연주하

런던 내셔널갤러리에 걸려 있는 〈버지널 앞에 선 여인〉

내셔널갤러리를 찾은 관람객들은 이 그림에 그다지 큰 흥미를 보이지 않고 스쳐 지나갔다. 페르메이르의 후반부 작품들이 〈우유를 따르는 하녀〉나 〈진주 귀고리 소녀〉만 한 매력이 없다는 사실을 보여주는 듯했다. 악화되는 경제 상황 때문에 페르메이르가 자신의 재능을 펼칠 여유가 없었기 때문일 수도 있고 화가 본인의 천재성이 소진되었기 때문일 수도 있다.

는 여인은 음악보다는 자신 앞에 있는 그 누군가의 시선에 더 신경을 쓰고 있는 눈치다. 이 그림을 그리던 페르메이르 역시 그림에 집중할 수 없는 여러 정황에 시달리고 있었는지 모른다. 그를 괴롭힌 것들은 단순히 외부 환경뿐이었을까? 과거의 영감이 더 이상 찾아오지 않았다면, 누구보다 화가 자신이 그 사실을 잘 알았을 것이다. 어쩌면 이 절망감이 화가의 죽음을 재촉했는지 모른다. 내셔널갤러리의 〈버지널 앞에 선 여인〉을 한참 바라보고 있는데 그런 부질없는 생각들이 머리를 스쳐 갔다.

악기, 또 다른 사랑의 신호

페르메이르의 그림에 유난히 악기가 많이 등장하는 것은 우연의 일치가 아니다. 17세기 네덜란드 풍속화에서 악기는 편지와 함께 남녀 간의 사랑을 상징하는 중요한 주제였다. 남아 있는 페르메이르의 작품 중 두 점의 풍경화를 제외하면 거의 대부분의 그림에 악기, 편지, 와인, 보석 등이 등장한다. 이 중 악기를 연주하거나 악기를 든 여자를 담고 있는 그림들의 주제는 예외 없이 사랑이다.

제대로 음악을 연주하기 위해서는 악기 연주자들 사이의 조화가 반드시 필요하다. 연주자들이 상대의 연주를 귀 기울여 들으며 서로 호흡을 같이해야 아름다운 음악이 만들어질 수 있다. 여기서 악기라는 주제는 자연스럽게 남녀 간의 사랑과 연결된다. 거듭 말하지만 17세기 네덜란드를 지배하는 가치관은 칼뱅파의 엄격한 교리였고 그런 사회 분위기 속에서 남녀가 사랑을 나누는, 말하자면 서로 손을 잡거나 입을 맞추는 장면을 그려서는 구매자들의 지갑을 열 수가 없었다. 그런 네덜란드 사회도 남녀가 함께 악기를 연주하는 장면 정도는 용인해주었다. 같은 시기에 네덜란드에서 역시 유행했던 바니타스 정물화에서 악기는 헛된 꿈이나 관능적인 여성의 몸매 같은 부정적인 상징으로 등장하지만, 더 많은 풍속화들은 악기를 연주하는 남녀를 통해 그들이 키워나가는 연애 감정을 간접적으로 표현했다.

〈음악 레슨〉은 이런 점에서 특히 재미있는, 그리고 약간의 위트가 느껴지는 작품이다. 그림은 하나의 연극처럼 특별한 상황을 우리에게 보여준다. 잘 차려입은 여성이 남자 음악교사에게 버지널 레슨을 받고 있다. 방에 깔린 고급 대리석 타일, 터키식 카펫을 덮어놓은 테이블, 비올라 다 감바(첼로의 전신인 현악기) 등이 이 처녀가 부유한 가정에서 자랐음을 짐작케 해준다. 버지널 교사는 이 처녀보다 더 낮은 신분이었을 것이다. 그는 엄격한 자세로 꼿꼿하게 서서 학생의 연주를 듣고 있다. 처녀의 얼굴은 볼 수 없지만 잔뜩 힘이 들어간 어깨에서 처녀의 긴장감이 느껴진다.

그런데 이 버지널 위에 걸린 거울을 통해 우리는 처녀가 고개를 돌려 악기 가장자리에 놓인 교사의 손을 훔쳐보고 있다는 사실을 알 수 있다. 그녀와 버지널 교사는 신분이나 나이 차이로 도저히 맺어질 수 없는 상황일 것이다. 그러나 사랑이 그런 조건을 가려가며 생겨나는 감정은 아니어서 이 처녀는 지금 자신도 어쩔 수 없는 마음 때문에 속앓이를 하고 있는 모양이다. 고요하고 평온해 보이는

244

그림이지만 뜯어보면 볼수록 처녀의 두근거리는 감정이 느껴지는 듯하다. 전면에 놓인 테이블 위에는 은으로 만든 뚜껑이 달린 흰색 주전자가 있다. 이 주전자는 와인을 마시는 남녀를 그린 페르메이르의 전작 두 점에도 등장한다. 놋쇠 못이 박힌 푸른 의자도 〈편지를 읽는 푸른 옷의 여인〉〈회화의 기술〉 등에 그려졌던 의자다. 화가는 방의 입구에서 반대편 벽에 붙어 있는 악기와 두 사람을 바라보고 있다. 이런 시각 때문에 방은 더 넓어 보인다. 넓고 커다란 방은 처녀의 집이 그만큼 부유함을 알려주는 신호이기도 하다.

　〈음악 레슨〉은 18세기 중반 베네치아에서 일하던 영국 영사 조지프 스미스의 손에 들어가면서 영국인의 소유가 되었다. 1762년에 작성된 영국 왕실의 회화 컬렉션 목록에 이 그림의 제목이 등장한다. 그런데 엉뚱하게도 그림은 '프란스 판 미리스Frans van Mieris가 그린 음악 레슨'으로 기재되어 있다. 〈음악 레슨〉은 그 이후 계속 영국 왕실의 소유로 남아 있었다. 현재도 영국 왕실의 공식 거주지인 윈저성 안에 전시되어 있으나 막상 성안에 들어가서 이 그림을 발견하기는 쉽지 않다. 윈저성의 로열컬렉션은 미술관처럼 친절하게 만들어진 전시 공간이 아니어서 왕실 소장 그림들이 방 두세 군데

〈음악 레슨〉 캔버스에 유채, 74.1×64.6cm, 1660년대 초, 로열컬렉션, 런던
버지널을 연주하는 처녀의 뒷모습과 음악 선생의 옆모습만 보이는 그림이지만 두 사람 사이의 미묘한 감정의 흐름이 읽히는 듯싶다. 거울에 비친 처녀의 시선은 건반이 아니라 악기에 놓인 선생의 손 쪽으로 향해 있다. 넓은 방, 탁자를 덮은 원색의 카펫, 은뚜껑이 달린 흰 주전자 등이 처녀의 집이 넉넉하다는 사실을 간접적으로 알려준다.

에 빽빽이 걸려 있다. 〈음악 레슨〉은 화려한 판 다이크나 루벤스의 그림들 사이에 길을 잘못 든 사람처럼 어색하게 한자리를 차지하고 있다. 어찌 보면 왕실의 성이야말로 페르메이르의 그림에 가장 어울리지 않는 장소가 아닐까 싶었다.

이 빛나는 사랑의 순간

1662년경 〈음악 레슨〉을 완성한 후, 페르메이르는 다시 한번 악기를 연주하는 여성을 그린다. 〈류트를 연주하는 여자〉는 1662년에서 1663년 사이에 그려진 것으로 보인다. 그림의 배경은 같은 시기에 완성된 〈편지를 읽는 푸른 옷의 여인〉과 거의 똑같다. 왼편으로 창이 있는 방에 테이블과 푸른 가죽 의자들이 있고, 흰 벽에는 네덜란드 지도가 걸려 있다. 이 그림은 19세기 전까지는 어디에 있었는지 기록이 없다가 19세기 말, 많이 훼손된 상태로 경매 시장에 나타났다. 그림은 뉴욕의 소장가에게 팔려 가서 현재는 메트로폴리탄 미술관에 소장되어 있다.

〈편지를 읽는 푸른 옷의 여인〉과 〈류트를 연주하는 여자〉의 주인공은 각기 다른 인생의 항로 위에 서 있다. 〈편지를 읽는 푸른 옷의 여인〉은 임신한 기혼의 여성이고 〈류트를 연주하는 여자〉는 아직 결혼하지 않은 젊은 처녀다. 그러나 두 여성이 가지고 있는 감정은 비슷하다. 그것은 미래에 대한 기대감이다. 푸른 옷을 입은 여성이 남편의 귀환과 새 생명의 탄생을 기다리고 있다면, 류트를 연주

〈류트를 연주하는 여자〉

캔버스에 유채, 51.4×45.7cm, 1662~1663, 메트로폴리탄 미술관, 뉴욕

손으로 류트를 조율하고 있지만 처녀의 신경은 온통 창밖에 쏠려 있다. 그녀가 듣고 있는 것은 류트의 음이 아니라 자신의 방으로 향하는 누군가의 발걸음 소리일지도 모른다. 처녀의 큰 눈이 기대와 갈망으로 보석처럼 반짝이고 있다.

하는 여성은 지금 집 밖에서 다가오는 발소리에 온 신경을 기울이고 있다. 그림을 눈여겨보면 그녀가 지금 류트를 연주하는 게 아니라 음을 조율하는 중이라는 걸 알 수 있다. 귀로는 류트의 음을 들으면서, 눈으로는 창밖에서 바라본다. 테이블 위에는 악보 두 벌이 가지런히 놓여 있고 바닥에는 비올라 다 감바가 눕혀진 채다.

그림이 말하는 상황은 점점 더 분명해진다. 처녀는 지금 류트를 조율하며 창밖에서 다가오는 발소리에 귀를 기울이고 있다. 그녀의 류트에 맞춰 비올라 다 감바를 연주할 사람이다. 그녀의 의상(이제는 우리 눈에 익숙한 노란 웃옷과 진주들)은 집에서 악기를 연주하기 위해 차려입은 것치고는 지나치게 화려하다. 페르메이르는 〈편지를 쓰는 여인과 하녀〉나 〈천문학자〉에서 그러했듯이 이 그림에서도 어둠-빛-어둠의 세 층을 만들었다. 그림의 전면, 의자와 테이블이 있는 맨 앞쪽은 어둡고 가운데 처녀의 위치에만 창을 통해 빛이 들어오며 그림의 뒤쪽 오른편, 의자와 지도가 있는 벽 부분은 다시 그늘이 져 있다. 푸른 커튼이 왼편의 창을 반쯤 가려서 방으로 들어오는 빛의 폭은 더욱 좁아진 상태다. 섬세하게 만들어낸 빛의 층이 방을 미묘하게 나누는 가운데 몇 가지만이 유독 반짝거린다. 의자의 놋쇠 못들, 처녀가 건 진주 귀고리와 목걸이, 그리고 처녀의 얼굴이다. 이 중에서 가장 환히 빛나는 건 단연 처녀의 이마와 눈이다. 생기와 총명함이 깃든 큰 눈에는 무언가에 대한 기대감이 가득 담겨 있다. 말할 나위도 없이, 이것은 바로 빛나는 사랑의 순간이다.

우리의 삶이 덧없는 이유 중 하나는 행복이나 사랑, 희망 같은 긍정적인 감정들이 오래 지속되지 않기 때문이다. 열흘 피어 있는 꽃이 없듯이, 좋은 것들은 우리 곁에 그리 길게 남아 있지 않는 법이다. 한때 영원히 우리에게 머무를 듯했던 젊음도 순식간에 사라져버리고 그 뒤에는 긴 회한과 아련한 기억만이 남는다. 그러나 류트를 조율하며 연인의 발걸음 소리에 귀를 기울이는 이 그림 속 처녀처럼, 누구에게나 영롱하게 빛나는 젊은 날은 있었다. 페르메이르의 그림이 보여주는 소박하지만 아름다운 순간들이 우리의 손에 쥐여졌던 때가 분명 있었다. 그런 생각만으로도 우리의 마음은 조금 덜 쓸쓸해지고 조금 더 안온해진다.

페르메이르 사후에 벌어진 일들

아이러니하게도 페르메이르에 관련된 기록 대부분은 이 화가가 죽은 이후에 만들어졌다. 페르메이르가 남겨놓은 빚을 탕감하지 못한 유족들이 이리저리 시달리던 기록들이 남아 있기 때문이다. 남편이 죽은 후, 카타리나는 열 명의 아이들과 함께 생계를 꾸려나가야 했다. 가장 어린 아이는 두 살이었다. 카타리나는 우선 남편이 거래하기 위해 사놓았던 여러 화가의 그림 26점을 500휠던이라는 헐값을 받고 하를럼의 한 그림 거래상에게 팔았다. 이 26점에 페르메이르의 작품은 없었던 것으로 보인다. 카타리나가 마리아 틴스에게 〈회화의 기술〉을 증여한 것도 이 무렵이다.

기록으로 남은 페르메이르의 유산 목록에는 탁자와 의자 아홉 개 (페르메이르의 그림에 자주 등장했던 푸른 가죽 의자들), 터키 스타일의 외투, 〈회화의 기술〉에 그려진 등과 소매 부분에 슬릿이 들어가 있는 남자의 웃옷, 가장자리에 털이 달린 노란 여성용 웃옷 등이 기재되어 있다. 페르메이르 일가가 소장했던 그림들도 몇 점 유산 목록에 들어가 있는데 이 중에서 파브리티위스의 그림 세 점이 그나마 값나가는 작품이었다. 버지널, 류트, 비올라 다 감바 같은 악기나 카메라 오브스쿠라는 목록에 들어 있지 않다. 이 물건들은 〈회화의 기술〉과 마찬가지로 이미 마리아 틴스의 소유로 넘어갔을지도 모른다. 페르메이르의 그림에 많이 등장해서 우리 눈에 익은 두툼한 카펫이나 뚜껑이 은으로 된 흰 주전자도 유산 목록에는 없다.

이 모든 유산으로도 페르메이르가 남겨놓은 빚을 탕감할 수는 없었다. 1676년 카타리나는 파산 선언을 했다. 그러자 델프트시는 남은 유산을 찾아내 빚을 갚게 하기 위한 유산 집행인으로 안토니 판 레이위엔훅을 임명했다. 현미경의 발명가인 레이위엔훅은 〈천문학자〉 〈지리학자〉의 모델로 꾸준히 거론되어오는 인물이다. 델프트는 큰 동네가 아니었고 같은 나이의 지성인인 두 사람이 어떻게든 서로를 알고 지냈을 가능성은 작지 않다. 만약 레이위엔훅이 〈천문학자〉와 〈지리학자〉의 모델이라면 그 자체로 무척이나 절묘한 이야기, 델프트라는 작은 마을에서 두 명의 천재가 서로의 가치를 알아보았다는 영화 같은 스토리가 만들어진다.

하지만 페르메이르의 사후에 레이위엔훅이 카타리나에게 한 행동을 보면 그가 페르메이르와 생전에 정말 알고 지냈는지 의심하지 않을 수 없다. 레이위엔훅은 남은 빚을 갚도록 카타리나와 마리아 틴스를 무자비할 정도로 다그쳤다. 그는 카타리나가 페르메이르가 거래하기 위해 사놓은 26점의 그림을 팔아서 생계에 보탠 것마저 불법이라며 그녀를 몰아세웠다. 결국 레이위엔훅은 하를럼의 매매자로부터 이 그림들을 다시 회수해 오고 틴스가 보유하고 있던 〈회화의 기술〉도 압류했다. 1677년 3월 15일, 〈회화의 기술〉을 포함해 페르메이르의 유족에게서 압류한 27점의 그림들이 델프트 성 루가 길드에서 경매에 부쳐졌다.

경매 수익으로 페르메이르의 빚을 갚기는 역부족이었다. 이후에도 레이위엔훅은 카타리나와 마리아 틴스의 재산을 계속 추적했다. 카타리나는 틴스에게 받은 하우다Gouda의 집과 망나니 같던 오빠 빌럼이 사망하면서 남긴 유산마저 모조리 빼앗겼다. 1680년, 틴스가 여든일곱으로 사망하자 카타리나는 델프트를 떠나 브레다로 이사했다. 이 도시는 당시 네덜란드에서 가톨릭 교도들이 많이 모여 살던 곳이었다. 레이위엔훅의 지긋지긋한 빚 독촉을 피할 의도도 있었을 것이다. 계속 힘겹게 빚을 갚으며 그녀는 점점 더 건강을 잃어 갔다. 1688년 초, 카타리나는 가난 속에서 세상을 떠났다.

일설에 따르면 페르메이르는 큰딸인 마리아에게 한때 그림을 가르쳤다고 한다. 그러나 그의 아이들 중에 아버지의 직업을 이은 자녀는 나오지 않았던 듯싶다. 페르메이르와 카타리나 부부의 많은 아이들 중 처음 다섯 명은 모두 딸들이었다. 이 딸들의 이름은 마리아, 엘리사베트, 코르넬리아, 알레이디스, 베아트릭스다. 생존한 아이로는 여섯 번째, 아들로는 장남이던 요하네스는 변호사가 되어 브루게에 살았고 자신의 아들에게도 요하네스라는 이름을 물려주었다. 또 다른 아들인 프란시스퀴스는 외과의사가 되어 로테르담과 헤이그에서 살았다. 딸들 중에는 마리아와 베아트릭스만 결혼했다는 기록이 남아 있다. 마리아의 아들들 중에 한 명은 가톨릭 신부가 되기도 했다. 아무튼 확실한 사실은 이 많은 자녀들 중 그 누구도 아버지의 천재성을 물려받지는 못했다는 점이다. 신비롭게 나타난 페르메이르의 천재성은 대를 이어 내려오지 못하고 화가의 죽음과 함께 소멸하고 말았다.

뿔뿔이 흩어진 그림들

현재 남아 있는 그림 중 연구자들이 페르메이르의 작품으로 추정하는 그림의 수는 34점에서 36점 사이다. 〈플루트를 든 소녀〉를 진품 목록에서 제외한다면 남아 있는 작품의 수는 34점이 되며, 연구자들마다 의견이 다른 〈성녀 프락세데스〉나 〈버지널 앞에 앉은 젊은 여인〉까지 포함시키면 진품의 수는 최대 37점까지 늘어난다. 대략적인 의견 일치는 35점이다. 그렇다면 페르메이르가 그린 작품의 수는 모두 몇 점이었으며, 이 중 몇 점이나 시간의 흐름 속에서 사라졌을까?

페르메이르가 화가로 활동했던 기간은 대략 20년 남짓이다. 1653년 말 성 루가 길드에 가입했으니 이때부터 본격적으로 그림을 그리기 시작했을 것이고 사망하기 전 2~3년 동안 그림에 거의 손을 대지 못했다고 하면 그가 그림을 그린 기간은 19년에서 21년 사이라는 계산이 나온다. 이 시간 동안 페르메이르가 그린 그림의 수에 대해서는 연구자들마다 다른 의견을 내놓고 있다. 다만 모두들 동의하는 점은 그가 그림을 결코 빨리 그리지는 못했다는 부분이다. 미국의 미술사학자인 존 마이클 몬티어스John Michael Montias는 페르메이르가 매년 두세 점을 그리는 데에 그쳤고 생애를 통틀어 그린 그림의 수는 43점에서 60점 사이였을 것이라고 추산했다. 현재 남아 있는 그림을 35점이라고 친다면 최소 여덟 점에서 최대 25점 사이의 작품이 행방불명된 셈이다.

현재 페르메이르의 그림을 가장 많이 보유한 나라는 의외로 네덜란드가 아니라 미국이다. 35점의 페르메이르 작품 중 열세 점이 뉴욕의 메트로폴리탄 미술관과 프릭컬렉션, 워싱턴 D. C.의 미국 국립미술관 등에 소장되어 있다. 네덜란드에 남은 그림의 수는 일곱 점뿐이며 나머지는 영국, 독일, 오스트리아, 프랑스 등에 흩어져 있다. 단일 미술관으로 따져도 다섯 점을 가지고 있는 뉴욕 메트로폴리탄 미술관이 페르메이르의 그림을 가장 많이 소장한 미술관이다. 그나마 남아 있는 페르메이르의 그림들이 네덜란드를 떠나 전 세계로, 미국까지 흘러간 셈이다.

앞서 거론되었던 것처럼, 페르메이르에게는 후원자가 있었다. 피터르 판 라위번은 델프트의 유력 인사였고 적지 않은 재산을 가지고 있었다. 그는 선금을 주고 아직 완성되지 않은 페르메이르의 그림을 구입할 정도로 이 화가를 열성적으로 후원했다. 페르메이르는 역사화, 종교화 등을 그리다 1656년을 전후해 본격적으로 실내 풍속화를 그리기 시작했다. 이후에 완성된 그의 그림 중 절대 다수가 방 안에 있는 한두 명의 인물들을 담고 있는데 이렇게 일관된 경향 자체가 페르메이르에게 꾸준한 후원자가 있었다는 증거라고 보는 이들도 있다. 말하자면 이러한 실내 풍속화를 판 라위번이 선호했고, 페르메이르는 고정 고객의 취향에 맞춘 그림들을 지속적으로 그렸다는 이야기다. 실제로 판 라위번은 20여 점의 페르메이르 그림을 소유하고 있었고 이 그림들을 상당히 넉넉한 가격에 사들였던 것으로 보인다. 그뿐만이 아니다. 판 라위번은 자신이 사망하면 유산 중 500휠던을 페르메이르에게 증여하라고 명기해놓았다. 그의 유언장에서 가족 외에 유산을 받은 이는 페르메이르뿐이다. 이 모든 정황을 보면 판 라위번과 페르메이르는 단순히 고객과 화가 사이보다 더 가까운 관계였을 가능성이 높다. 판 라위번은 페르메이르보다 한 해 전인 1674년에 사망했다.

1680년 판 라위번의 유일한 자녀인 딸 막달레나가 야코프 아브라함스 디시위스Jacob Abrahamsz Dissius와 결혼했다. 이들 부부는 자녀를 낳지 못했다. 1682년 막달레나가 스물일곱의 젊은 나이에 세상을 떠나고 디시위스는 장인의 재산을 모두 상속받았다. 유산 중에 그림 39점이 있었고 이 중 20점이 페르메이르의 작품이었다. 판 라위번의 소장작을 모두 파악할 수는 없지만 〈진주 귀고리 소녀〉〈델프트 풍경〉〈진주 목걸이〉〈편지 쓰는 여인〉〈우유를 따르는 하녀〉〈골목길〉 등 우리가 알고 있는 페르메이르의 대표작들이 망라되어 있었다는 점만은 확실하다.

디시위스가 상속받은 그림들은 그가 사망하면서 더 이상 물려받을 이가 없게 되었다. 결국 페르메이르의 그림들은 1696년 5월 16일 암스테르담에서 열린 경매에 한꺼번에 출품된다. 페르메이르 작품

21점이 경매에 부쳐졌다. 여기서 팔려나간 작품 중 열다섯 점은 현재 남아 있는 35점 중에 포함되어 있고 페르메이르의 자화상을 비롯한 여섯 점은 행방이 묘연하다. 이 경매에서 제일 비싸게 팔린 작품은 〈델프트 풍경〉으로 200휠던의 가격이 매겨졌다. 아마 경매에 나온 페르메이르 작품 중 제일 컸던 이유도 있었을 것이다. 이어 〈우유를 따르는 하녀〉가 175휠던, 〈저울을 든 여인〉이 155휠던에 팔렸다. 나머지 작품들은 30~80휠던 사이의 가격을 받았다. 이리하여 델프트의 한 화가가 평생을 공들여 그렸던 작품들은 전 유럽으로 흩어지게 된다. 페르메이르라는 이름은 서서히 사람들의 기억 속에서 지워져갔다. 그가 망각의 늪에서 벗어나 세계적인 인기를 얻는 화가로 자리매김하기까지는 200년 이상의 시간이 필요했다.

망각 속에서 살아난 화가

'가난에 시달리다 일찍 세상을 뜬 비운의 천재, 사후에 완벽하게 잊혔다가 극적으로 부활하다.' 영화 제작자들이라면 군침이 돌 만한 스토리다. 페르메이르가 어느 정도는 무명의 화가였고 오랫동안 그 이름이 잊힌 것도 사실이나 그렇다고 해서 그가 세상에 '부활' 했다고 보기엔 무리가 있다. 최소한 네덜란드 안에서 페르메이르는 늘 어느 정도는 알려진 화가였다. 다만 국외로 나간 작품들이 문제였다. 1696년 암스테르담 경매를 통해 팔려나간 작품 중 상당수가 여러 소장가를 거치며 다른 화가의 작품으로 탈바꿈했다. 예를 들면 영국 조지 2세의 소유가 된 〈음악 레슨〉은 프란스 판 미리스의 그림으로, 또 작센의 선제후 아우구스투스 2세에게 팔려간 〈뚜쟁이〉와 〈열린 창 앞에서 편지를 읽는 여자〉는 각기 헤라르트 판 혼토르스트와 렘브란트의 작품으로 알려져 있었다. 심지어 〈회화의 기술〉의 경우는 1805년 오스트리아의 체르닌 백작이 사들일 당시 피터르 더 호흐의 서명이 들어 있었다. 페르메이르가 유럽의 컬렉터에게도 익숙한 이름이었다면, 거래상이 그림에 굳이 다른 화가의 서명을 위조해 넣을 이유는 없었을 것이다.

망각 속에 가라앉아 있던 페르메이르를 되살려낸 이는 테오필 토레뷔르거라는 19세기 프랑스 비평가다. 그는 1859년까지 혼토르스트의 작품으로 알려져 있던 〈뚜쟁이〉를 페르메이르의 작품으로 확인했을 뿐 아니라 '요한 판 데르 메이르Johann van der Meer'라고 알려져 있던 화가의 이름을 '페르메이르'라고 바로잡은 인물이다. 페르메이르의 이름에 이렇게 혼선이 생겼던 것은 그의 특이한 서명 습관 때문이기도 하다. 페르메이르는 25점의 작품에 서명을 남겼다. 그런데 페르메이르는 동일한 서명이 아니라 서로 다른 서명 네 가지를 사용했고 그 넷 중 어느 서명에도 이름을 정확하게 써 넣지는 않았다. 이 네 서명 중 세 가지는 각기 'I. VMeer', 'Jv. Meer' 또는 'I. Meer'에 가깝게 쓰여 있다. 그나마 페르메이르의 이름과 가장 비슷한 네 번째 서명도 'I. Ver. Meer'라는 형태로 되어 있다. 페르메이르는 이 서명을 일종의 모노그램 개념으로 사용했던 듯하다. 토레뷔르거는 이 네 가지 서명을 추적해서 〈델프트 풍경〉을 비롯한 여러 작품들이 페르메이르의 것임을 알아냈다. 그는 1858년 출간한 『네

야코뷔스 프럴, 〈창가의 여인〉 목판에 유채, 66.5×47.4cm, 1654, 빈 미술사박물관, 빈

이 그림은 〈회화의 기술〉과 함께 빈 미술사박물관 19번 방에 전시되어 있다. 관람객들은 이 무명 화가의 그림이 페르메이르의 작품과 매우 비슷한 분위기라는 사실에 놀라곤 한다.

덜란드의 미술관들』이라는 책을 통해 프랑스에 페르메이르를 소개했다. 엇비슷한 시기에 베를린대학교 미술사학과 교수인 구스타프 프리드리히 바겐Gustav Friedrich Waagen은 〈회화의 기술〉이 호흐가 아니라 페르메이르의 작품일 가능성이 높다는 주장을 폈다.

1866년 프랑스의 국전 격인 살롱전에서 일종의 특별전이 열렸다. 15세기부터 19세기까지의 회화들이 망라된 이 전시에 〈병사와 웃고 있는 젊은 여인〉〈지리학자〉〈진주 목걸이〉〈버지널 앞에 선 여인〉 등 무려 열한 점의 '페르메이르 작품'들이 전시되었다. 재미있는 사실은 이때 전시된 열한 점 중 위에 나열한 네 점만이 페르메이르의 진품이었다는 점이다. 나머지는 야코뷔스 프럴Jacobus Vrel 등 페르메이르와 엇비슷한 시기에 활동했던 네덜란드 화가들의 작품이었다.

이때 페르메이르의 작품으로 소개되었던 프럴의 〈창가의 여인〉을 보면 당시 연구자들이 두 화가를 헛갈렸던 이유가 짐작이 간다. 이 작품은 17세기 델프트의 고요한 정취를 인상적으로 포착해낸 수작이다. 프럴은 페르메이르보다 열다섯 살 많은 화가로 한때 델프트에서 활동하기도 했다.

조금씩 그 이름이 알려지긴 했지만 19세기 후반까지도 페르메이르는 수수께끼의 화가였다. 1876년 헤이그의 마우리츠하위스 미술관은 경매에서 페르메이르의 첫 번째 작품인 〈디아나와 님프들〉을 구매했다. 마우리츠하위스 미술관 측은 이 작품의 작가를 니콜라스 마스로 알고 있었다. 실제로 그림에는 마스의 서명이 들어 있었고 원작에는 없는 하늘 배경도 그려져 있는 상태였다. 1889년, 미술관은 연구 끝에 〈디아나와 님프들〉이 페르메이르의 작품이라는 사실을 밝혀냈다. 엇비슷한 시기에 런던의 내셔널갤러리는 토레뷔르거의 중개로 〈여인과 하녀〉〈진주 목걸이〉〈버지널 앞에 선 여인〉을 구매하려 했으나 당시 갤러리 관장이던 찰스 이스트레이크 경이 세 작품 모두 마음에 들지 않는다며 구매 의뢰를 거절했다. 1892년에야 내셔널갤러리는 이 세 작품 중 〈버지널 앞에 선 여인〉만을 구매했다. 내셔널갤러리 측으로는 통탄할 만한 실수를 저지른 셈이다. 대부분의 페르메이르 연구가들은 앞의 두 작품이 〈버지널 앞에 선 여인〉보다 더 뛰어난 걸작이라고 말할 테니 말이다.

20세기 초반, 미국의 수집가들이 페르메이르에 관심을 기울이기 시작했다. 미국 미술관들은 1900년 벽두부터 당시 호가보다 더 높은 가격을 주고 페르메이르의 작품들을 사 모았다. 현재 메트로폴리탄 미술관, 미국 국립미술관, 프릭컬렉션 등이 소장하고 있는 페르메이르의 작품들은 거의 20세기 초반에 미국으로 건너갔다. 현재는 분실된 상태지만 보스턴의 이사벨라 스튜어트 가드너 미술관도 페르메이르의 작품 〈콘서트〉를 사들였다.

흥미로운 사실은 미국 사업가들이 페르메이르라는 낯선 이름의 화가가 가지고 있는 진가를 금세 알아보았다는 점이다. 20세기 초의 사업가이자 유명한 수집가인 헨리 클레이 프릭Henry Clay Frick은 1911년에서 1919년에 걸쳐 〈병사와 웃고 있는 젊은 여인〉〈여인과 하녀〉 등 세 점을 직접 사들였다. 유명한 금융가 존 피어폰트 모건 John Pierpont Morgan은 1907년 〈편지 쓰는 여인〉을 보고 대번에 매혹되어 무려 10만 달러를 주고 이 그림을 구매했다. 모건은 그때까지 페

<**연애편지**> 캔버스에 유채, 44×38.5cm, 1669~1670, 네덜란드 국립미술관, 암스테르담
페르메이르는 관람객이 두 여성이 있는 공간 바깥에서 안쪽을 몰래 들여다보는 느낌이 들도
록 화면을 좁고 길게 구성했다. 여유로운 표정의 하녀가 시턴을 연주하던 여성에게 편지를 건
네고 여성은 놀란 표정으로 하녀를 바라본다. 두 사람 사이에 무슨 이야기가 오가는 중일지
관람객도 궁금할 수밖에 없다.

르메이르라는 이름을 들어본 적도 없었다.

　미국 수집가들이 거리낌 없이 페르메이르의 작품을 구매해 가자 네덜란드의 미술 관계자들 사이에서 그의 작품을 지켜야 한다는 연대감이 생겨났다. 모건은 〈우유를 따르는 하녀〉도 사들이려 했지만 네덜란드 정부가 렘브란트 협회의 설득을 받아들여 1908년 이 그림을 구매함으로써 〈우유를 따르는 하녀〉의 최종적인 자리는 암스테르담의 국립미술관으로 결정되었다. 렘브란트 협회의 노력이 없었다면 우리는 〈우유를 따르는 하녀〉를 보기 위해 뉴욕으로 가야 했을지도 모른다.

　화가의 유명세가 높아지면서 페르메이르의 그림은 미국과 영국, 독일과 아일랜드, 프랑스로 뿔뿔이 흩어졌다. 세계로 퍼진 그의 그림들은 뉴욕과 런던, 파리와 드레스덴과 빈에서 수많은 관람객들을 만나며 델프트라는 작은 마을에서 평생을 살았던 화가의 이야기를 끊임없이 들려주고 있다. 예술가로서 이보다 더 큰 영광은 없다.

　페르메이르보다 200여 년 후, 역시 네덜란드에서 태어난 빈센트 반 고흐는 "화가는 비록 죽어서 땅에 묻힐지라도 그림을 통해 후세에 자신의 이야기를 전할 수 있다"라고 편지에 썼다. 고흐는 동생 테오에게 보낸 이 편지를 통해 예술가의 생명이란 때로 영원처럼 길 수 있으며, 자신도 그렇게 되고 싶다는 궁극의 소망을 털어놓고 있다. 페르메이르야말로 정말 그러했던 화가였다.

이 그림은 페르메이르의 작품인가?

페르메이르의 작품 수에 대해서는 전문가들마다 의견이 다르다. 대개는 35점이 진품이라고 인정하는 추세지만 34점, 또는 36점이라고 주장하는 연구가들도 있다. 34점이라고 주장하는 전문가들은 〈플루트를 든 소녀〉가 진품이 아니라고 말하고 36점이라고 주장하는 이들은 대개 〈성녀 프락세데스〉까지 진품으로 간주한다. 특히 〈성녀 프락세데스〉가 가장 첨예하게 의견이 대립되는 작품이다. 만약 이 그림이 진품이라면 〈마르다와 마리아의 집에 온 예수〉 외에 또 다른 페르메이르의 종교화가 있는 셈이다.

〈성녀 프락세데스〉는 무릎을 꿇은 채로 손에 든 해면을 짜내 예수의 피를 항아리에 담고 있는 성녀의 모습을 담은 그림이다. 특이한 점은 이 그림이 이탈리아 화가 펠리체 피체렐리(통칭 일 리포소Il Riposo라고 불렸다)의 그림을 모사한 작품이라는 점이다. 정말로 페르메이르가 이 그림을 그렸다면 그가 도제 시절에 연습 삼아 그린 결과물일 것이다. 그림에는 페르메이르의 서명이 있으나 이 서명은 후대에 가필된 것으로 보인다.

〈성녀 프락세데스〉

1972년 독일 뮌헨 되르너Dörner 연구소의 헤르만 쿤Hermann Kühn은 이 그림의 안료를 분석해서 그림이 17세기 네덜란드에서 그려졌을 가능성이 높다는 연구 결과를 발표했다. 손꼽히는 페르메이르 전문가인 알버트 블랑커르트는 그림 자체의 완성도가 낮고 서명도 페르메이르의 다른 서명과 현저하게 다르다며 이 그림이 페르메이르의 진품일 가능성을 일축했다. 그러나 1995년 겨울부터 1996년 초까지 워싱턴 D. C.의 국립박물관에서 열린 대규모 페르메이르 특별전과 2012년, 2013년 로마에서 열린 페르메이르 전시는 모두 이 그림을 페르메이르의 진품으로 간주해 전시했다.

연구가들마다 진위 주장이 엇갈리는 또 하나의 그림은 〈버지널 앞에 앉은 젊은 여인〉이다. 이 그림은 한눈에 보아도 페르메이르의 다른 작품들에 비해 허술한 느낌을 주며 여성의 표정 역시 생기가 없다. 그럼에도 불구하고 그 진위 여부에 대한 결론이 명확히 나지 않고 있다. 가장 큰 이유는 이 그림이 페르메이르의 후원자 판 라위번의 소장작이었을 가능성이 크기 때문이다. 1696년 암스테르담 경매에 출품된 작품 중에는 페르메이르가 그린 '클라브생을 연주하는 여인'이 두 점 있었다. 한 점은 런던의 내셔널갤러리 소장작이고 나머지 한 점이 이 작품이라는 주장이다. 2008년 월터 리트케는 이 작품이 1800년대에 페르메이르 스타일을 모방해 그려졌다는 연구 결과를 내놓았다. 아서 휠록은 페르메이르와 동시대의 다른 화가가 그렸을 것이라고 보고 있다. 그러나 이 그림의 캔버스를 고정시키는 데 사용된 못이 페르메이르가 1670년에 완성한 〈레이스를 뜨는 여자〉와 동일한 것이라는 연구 결과도 있다.

〈버지널 앞에 앉은 젊은 여인〉

사랑은 가도 과거는 남는 것

유명한 화가들의 작품이 뜻하지 않은 장소에서 나왔다는 소식은 심심찮게 들려오는 뉴스거리다. 예를 들면 남프랑스의 오래된 집 다락에서 카라바조의 그림이 발견되었다는 식이다. 이런 뉴스가 들릴 때마다 미술계 인사들은 신중한 태도를 취하곤 한다. 위에 소개한 사례는 실제로 2016년 프랑스 툴루즈에서 벌어진 일이다. 이때 발견된 〈홀로페르네스의 머리를 자르는 유디트〉가 카라바조의 진품이라는 결론은 2019년에야 내려졌다. 그림 감정에 3년 가까운 시간이 걸린 셈이다. 작품 감정에 이렇게 오랜 시간이 걸린 이유는 갑자기 나타난 과거의 명작들이 실은 치밀하게 조작된 위작인 경우가 적지 않기 때문이다.

위작은 시작 단계부터 오랜 준비 과정을 거친, 실로 복잡한 연구와 계획 끝에 세상으로 나온다. 위작 전문가들은 특정한 화가의 스타일을 세밀하게 연구하고 오래된 캔버스와 과거에 사용된 낡은 붓으로 그림을 그리는 등, 감정가들의 눈을 속이기 위해 여러 방법을 사용한다. 유럽의 미술계를 가장 떠들썩하게 만든 위작 사건은 1940년대 네덜란드에서 벌어졌다. 이 위작 사건의 주인공 한 판 메이헤런Han van Meegeren이 목표로 한 과거의 거장이 바로 페르메이르였다. 심지어 네덜란드 국립미술관까지 그의 위작을 진품으로 감정하고 사들였다. 나치 정권의 2인자였던 헤르만 괴링도 이 사건의 조역으로 등장한다.

메이헤런 사건의 시작은 1937년으로 거슬러 올라간다. 이해 가을, 미술사학자 아브라함 브레디위스Abraham Bredius가 〈엠마오에서의 저녁 식사〉를 페르메이르의 작품이라며 들고 나타났다. 그는 이 그림을 네덜란드의 한 경매에서 발견했다고 주장했다. 브레디위스는 페르메이르의 초기작인 〈마르다와 마리아의 집에 온 예수〉가 1901년 런던에서 페르메이르의 진품으로 판명될 당시, 이 작품을 감정했던 전문가 중 한 사람이었다. 당시 브레디위스는 페르메이르의 초기작 중에 아직 발굴되지 않은 종교화가 더 있을 것이라고 추정했는데 그 주장을 뒷받침하듯이 새로운 종교화가 발견된 것이다.

다른 사람도 아닌 페르메이르 전문가가 발견해낸 이 '잃어버린 걸작'에 네덜란드 미술관들은 흥분을 감추지 못했다. 로테르담의 보이만스 미술관Museum Boijmans이 52만 휠던에 작품을 사들였다. 브레디위스는 이미 〈우유를 따르는 하녀〉 〈골목길〉 등을 소장하고 있던 네덜란드 국립미술관에도 작품 구입을 타진했으나 관장인 프레데릭 스미트데헤너르Frederik Schmidt-Degener가 작품의 수준이 의심스

한 판 메이헤런, 〈엠마오에서의 저녁 식사〉

한때 페르메이르의 작품으로 알려져 큰 파문을 일으켰던 이 그림은 메이헤런이 페르메이르의 스타일을 흉내 내 1937년에 그린 위작이다. 빛을 활용한 공간 분할, 생동감 넘치는 인물의 표정 등 우리가 흔히 알고 있는 페르메이르의 특징이 거의 드러나지 않은 평범한 작품이나 많은 페르메이르 연구가들이 이 작품을 진품으로 믿었다.

럽다며 구매를 포기했다고 한다. 보이만스 미술관은 심하게 훼손
(?)되어 있던 이 작품을 복원하고 새로운 틀에 넣어 일반에게 공개
했다. 잃어버렸던 페르메이르의 그림을 보기 위해 많은 관람객들이
미술관으로 몰려들었다.

흥미로운 사실은 이후에도 계속 '페르메이르의 초기 종교화'가
발견되었다는 점이다. 1941년 초에는 역시 페르메이르의 작품이라
는 〈예수의 초상〉이, 그 이듬해에는 〈이삭의 축복을 받는 야곱〉이,
그리고 1943년에는 〈제자의 발을 씻겨주는 예수〉가 연이어 등장했
다. 앞의 두 그림은 보이만스 미술관이, 그리고 〈제자의 발을 씻겨주
는 예수〉는 네덜란드 국립미술관이 구매했다. 간혹가다 그림이 정
말 페르메이르의 솜씨인지 의심스럽다는 의견을 내놓은 전문가도
있었지만 그보다 훨씬 더 많은 페르메이르 전문가들이 이 작품은 페
르메이르의 솜씨라고 단언했다. 국립미술관은 100만 휠던이라는
거금을 주고 〈제자의 발을 씻겨주는 예수〉를 구매했다. 1942년, 무
려 2미터 50센티미터 크기의 대작 〈최후의 만찬〉이 등장하면서 '페
르메이르 종교화의 재발견'은 절정에 이르렀다.

3년 사이에 다섯 점의 페르메이르 초기 작품들이 줄줄이 나타났
다? 아무래도 석연치 않은 구석이 있는 이야기다. 이 사건은 의외의
장소에서 뜻밖의 결말을 맞게 된다. 1945년 5월 7일, 독일이 연합군
에 항복하며 유럽은 6년에 걸친 제2차 세계대전의 악몽에서 벗어
났다. 그리고 종전 직후인 5월 29일, 한 판 메이헤런이라는 무명의
화가가 네덜란드 사법 당국에 체포되었다. 그는 전쟁 중에 나치에
협력했다는 혐의를 받고 있었다. 네덜란드 사법 당국은 그 증거로

나치 독일의 제국원수 헤르만 괴링이 소장하고 있던 〈간음한 여인과 예수〉라는 페르메이르 작품을 제시했다. 페르메이르의 서명이 있는 이 그림은 히틀러 못지않은 예술 애호가인 괴링이 1942년 독일의 은행가이자 미술 거래상인 알로이스 미들Alois Miedl에게서 사들인 그림이었다. 전쟁의 패색이 짙어지자 괴링은 이 그림과 자신의 다른 소장작들을 베를린의 저택에서 오스트리아의 소금광산 아우스제Aussee로 비밀리에 옮겨놓았다. 연합군이 이 광산에서 괴링의 미술품들을 압수하면서 〈간음한 여인과 예수〉도 세상에 나타났다. 네덜란드 사법 당국은 그림의 거래 기록을 뒤져 애당초 미들에게 그림을 판매한 이가 메이헤런이라는 사실을 밝혀냈다. 당국은 국가의 중요한 문화유산인 페르메이르의 그림을 적국에 판매한 죄를 물어 메이헤런을 체포했다.

중대한 혐의를 받게 된 메이헤런은 법정에서 자신을 변호하기 시작했는데 누구도 상상하지 못했던 놀라운 이야기들이 그의 입에서 쏟아져 나왔다. 그는 자신이 '페르메이르의 그림을 판 적이 없으며 따라서 나치에 부역한 적도 없다'고 말했다. '그렇다면 미들에게 판 그림은 누구의 것이냐'는 재판장의 질문에 메이헤런은 자신이 그렸다고 대답했다. 여기서 그치지 않고 그는 1937년 이래 줄줄이 시장에 나타나고 미술관들이 앞다투어 구입한 페르메이르의 종교화 다섯 점 모두 자신이 위조한 작품이라고 진술했다.

네덜란드 미술계는 발칵 뒤집혔다. 브레디위스를 비롯해 내로라하는 페르메이르 전문가들이 모두 메이헤런에게 속아 넘어간 셈이었다. 메이헤런은 1920년대부터 여러 가짜 작품을 만들어온 위작

위작 작가 한 판 메이헤런

메이헤런이 나치에 부역했다는 혐의에서 벗어나 자신의 무죄를 증명하기 위해 페르메이르풍
으로 〈제자들과 함께한 예수〉를 그리고 있다. 그는 페르메이르의 그림을 헤르만 괴링에게 판
혐의는 벗었으나 사기죄로 다시 수감되어 1947년 감옥에서 세상을 떠났다.

전문가였다. 그는 헤이그 미술 아카데미를 졸업한 후, 자신의 스타일이 네덜란드 황금시대 화가들과 엇비슷하다는 사실을 알아차리고 위작을 만들기로 결심했다. 페르메이르의 위작들은 무려 6년에 걸친 연구 끝에 탄생한 그림들이었다. 그는 감정 전문가들의 눈을 피하기 위해 17세기에 완성된 그림을 구해 나이프로 그림을 벗겨내고 그 위에 오래된 오소리털 붓으로 위작을 그렸다. 여러 방법을 동원해 과거에 제조된 물감도 구했다. 무엇보다 중요한 부분은 페르메이르의 솜씨를 흉내 내어 예수나 제자들을 그릴 수 있는가 하는 점이었다. 메이헤런은 〈편지 쓰는 여인〉 〈진주 귀고리 소녀〉 등 페르메이르의 대표작에 등장하는 인물들을 여러 번 연습해서 위작에 교묘하게 변형해 그려 넣었다. 그림을 완성한 후에는 캔버스를 오븐에 굽고 돌돌 말아 통에 넣는 등의 방법으로 그림 표면이 갈라지게 만들었다.

이런 치밀한 준비의 결과로 메이헤런은 전문가들의 눈을 속이는 데 성공했지만 정작 그가 감옥에서 나오기 위해서는 이 전문가들이 메이헤런의 위작 솜씨를 인정해주어야만 했다. 여러 전문가들은 여전히 '페르메이르의 종교화'들은 진짜이며, 메이헤런이 혐의를 벗기 위해 위증을 하고 있다고 주장했다. 결국 1945년 7월, 메이헤런은 감옥에서 페르메이르풍의 종교화 〈제자들과 함께한 예수〉를 그려서 자신이 정말로 페르메이르 위작 작가임을 증명해 보였다. 메이헤런은 나치에 부역한 혐의를 벗었을 뿐만 아니라 괴링과 같은 나치 독일의 핵심 멤버를 보기 좋게 골탕 먹인 '영웅 아닌 영웅' 대접을 받기에 이르렀다. 그러나 메이헤런의 말로는 그리 좋게 마무리되지 않았다. 일단 감옥에서 나오기는 했으나 그는 사기죄로 다시 수감되어 징역 1년형을 선고받았고 1947년 12월, 심장마비로 사망했다.

메이헤런이 그린 일련의 종교화들을 보면 대체 왜 여러 전문가들이 그의 솜씨에 속아 넘어갔는지 의아하기도 하다. 예수의 얼굴을 비롯해서 등장인물들의 단조로운 표정과 회색빛의 음울한 실내는 어디로 보나 페르메이르의 그림과는 거리가 있다. 탁자 위의 물병이나 예수의 손 등 세심한 묘사는 어설프기 그지없고 마법 같은 빛의 효과도 보이지 않는다.

메이헤런의 위작 해프닝 후에도 페르메이르의 작품에 대한 관심은 끊이지 않았다. 1961년에는 벨기에 국립미술관에서 〈연애편지〉가 도난당한 데 이어, 1974년에는 각각 런던 켄우드하우스와 아일랜드 러스보로하우스에 소장되어 있던 〈기타 연주자〉와 〈편지를 쓰는 여인과 하녀〉가 도난당하는 사건이 터졌다. 이 세 작품은 모두 제자리로 돌아왔지만(러스보로하우스는 〈편지를 쓰는 여인과 하녀〉를 되찾은 후, 그림을 더블린의 아일랜드 국립미술관에 기증했다) 1990년 3월 보스턴의 이사벨라 스튜어트 가드너 미술관에서 도난당한 페르메이르의 〈콘서트〉는 30년이 지난 현재까지 그 행방이 묘연하다. 그림 경매 회사인 소더비와 크리스티는 작품 회수에 유용한 정보를 제공하는 이에게 500만 달러를 지급하겠다는 공동 성명을 발표했으나 그림에 대한 정보는 전혀 들려오지 않고 있다. 〈콘서트〉 도난 사건은 20세기에 터진 가장 큰 미술품 도난 사건으로 기록되어 있다.

페르메이르의 그림들을 둘러싼 일련의 소동들은 결국 이 화가에

〈콘서트〉 캔버스에 유채, 72.5×64.7cm, 1663~1665, 행방불명

1990년 3월 18일 밤 보스턴의 이사벨라 스튜어트 가드너 미술관에서 도난당한 작품이다. 거액의 현상금에도 불구하고 이 작품의 행방은 현재까지 묘연하다.

대한 미술계와 대중의 관심이 그토록 크다는 사실을 입증하는 증거인 셈이다. 그의 작품들, 크지도 화려하지도 않은 그림들이 이토록 높은 인기를 끌고 있는 이유는 무엇일까? 미국이나 유럽 유수의 미술관에 가면 페르메이르의 그림보다 수십 배 이상 큰 캔버스에 각종 테크닉과 화려한 색감, 역동적인 구도를 망라해서 그린 그림들을 무수히 만날 수 있다. 이런 대작들에 비하면 페르메이르의 그림은 시시하다고 할 정도로 작고 소박하다. 많은 이들이 루브르 박물관의 〈모나리자〉 앞에서 생각보다 작은 그림에 실망한다. 반면 페르메이르의 〈우유를 따르는 하녀〉와 〈진주 귀고리 소녀〉 앞에서는 이 작은 그림에 실망했다는 사람을 거의 찾아볼 수 없다(사실 〈우유를 따르는 하녀〉와 〈진주 귀고리 소녀〉는 〈모나리자〉보다 더 작다. 〈모나리자〉의 크기가 77×53센티미터인 데에 비해 〈진주 귀고리 소녀〉는 44.5×39센티미터에 불과하다). 무엇이 페르메이르를 이토록 특별하게 하는 것일까? 왜 사람들은 그의 그림에 깊이 매혹되는가?

엉뚱한 이야기일지도 모르지만, 위대한 예술 작품과 감동을 주는 예술 작품이 반드시 같지는 않다. 베토벤의 장엄한 〈합창〉 교향곡과 슈베르트의 피아노 소품들을 비교한다면, 대부분의 사람들은 〈합창〉 교향곡이 더 위대한 예술품이라고 단언할 것이다. 그러나 이 두 음악 중 어떤 곡이 우리에게 더 깊은 울림을 주는가, 하는 질문의 답은 저마다 다르다. 베토벤의 교향곡 〈합창〉이 삶의 환희와 인류애를 찬양한다면, 슈베르트의 곡들은 어리고 보잘것없었지만 그래도 그 자체로 아름다웠던 우리의 지난날을 떠올리게 만드는 음악이다. 페르메이르의 그림은 굳이 비교하자면 슈베르트의 소박한 피아노곡 같다.

　오사카와 암스테르담, 헤이그와 런던과 빈에서 페르메이르의 그림들을 보며, 그리고 화가가 길지 않은 생을 살았던 델프트의 운하 옆 길과 마르크트 광장을 걸으며 내 머릿속을 내내 떠나지 않은 구절은 박인환의 시 「세월이 가면」의 한 구절, "사랑은 가도 과거는 남는 것"이었다. 우리는 시간을 잡을 수는 없지만 기억은 간직할 수 있다. 예술이 우리를 행복하게 만들어주는 큰 이유는 그 예술 작품이 영원히 간직하고픈 기억을 다시금 떠올리게 해주기 때문이라고 나는 생각한다. 페르메이르의 그림에는 바로 그러한 부분, 아스라하게 사라져가는 기억을 다시금 떠올리게 해주는 부분이 있다. 그리고 그의 그림에는 17세기 델프트에 살고 있지 않은 우리도 얼마든지 공감할 수 있는 이야기들이 담겨 있다. 시간과 공간을 뛰어넘는 힘이 위대한 예술 작품의 능력이라면, 페르메이르의 그림은 바로 그러한 능력을 갖추고 있다.

　첫 번째로 델프트를 방문한 후, 일주일이 지난 토요일에 나는 다시 델프트를 찾았다. 찬 바람이 불고 한적했던 일요일 오전의 델프트와 토요일 오후의 델프트는 완연하게 다른 분위기였다. 작은 구도심 전체에서 벼룩시장이 열리고 있었다. 운하의 천변으로 천막이 끝도 없이 길게 펼쳐졌고 관광객보다는 대부분 도시의 주민인 듯한 손님들이 북적거렸다. 파는 물건들은 여느 벼룩시장과 큰 차이가 없었다. 잡동사니에 가까운 살림들, 직접 만든 액세서리나 스카프, 아이들 장난감 등. 조금 특이한 점이라면 집에서 쓰던 델프트 자기를 가지고 나와 파는 사람들이 꽤 있었다. 한 중년의 사내는 열 살 미만으로 보이는 아들 둘, 딸 하나와 장난감을 늘어놓고 파는 중이었다. 손님 한 사람이 "아이들은 얼마인가요?"라고 농담을 하자 사내는 "아들은 팔 수 있는데 딸은 안 돼요"라고 역시 농으로 대답했다. 세상 어디에서나 아들은 딸보다 더 애를 먹이는 모양이었다.

구도심을 따라 흐르는 운하의 물결이 5월의 햇살을 받아 반짝거렸다. 어느새 계절은 봄에서 여름으로 향하는 중이었다. 델프트에서의 오후를 마지막으로 네덜란드 일정은 모두 끝이 났다. 이제 델프트역에서 기차를 타고 스히폴 공항으로 가 밤에 떠나는 비행기를 타고 멀리 있는 집으로 돌아갈 것이다. 마르크트 광장 한편의 그리스 식당에서 점심을 먹고 운하가 내다보이는 찻집에서 커피를 마시면서 이 시간도 곧 과거로 흘러갈 것이라는 생각을 했다. 이 시간을 그리워하며, 그리고 그리움의 힘에 기대서 사막과 같은 현재를 또 살아가게 되리라.

우리가 희미한 과거를 그림으로 그릴 수 있다면, 그 모습은 아마도 빛으로 가득 찬 델프트의 작은 방이 보여주는 세계와 엇비슷할 것이다. 한때 우리는 그토록 맑고 온화하며 신실한 세계에 속해 있었다. 페르메이르의 그림에서 우리가 받는 인상, 〈진주 귀고리 소녀〉나 〈편지를 읽는 푸른 옷의 여인〉이 주는 깊은 아름다움과 아련한 슬픔의 비밀은 여기에 있다. 그것은 이제 다시 볼 수도 만질 수도 없는, 지나간 날들에 대한 우리의 영원한 그리움이다.

〈편지를 쓰는 여인과 하녀〉의 창 부분 확대 이미지

우윳빛 창을 통해 봄의 빛이 들어오고 있다. 이 빛은 작은 방 안을 부드럽게, 그러나 환하게 감싸며 우리의 아련한 지난날을 기억하게끔 만든다.

페르메이르 예술의 키워드

01 17세기 네덜란드 사회

17세기 네덜란드는 알프스 이북의 유일한 공화국이었으며, 무역과 상업으로 부유해진 시민계층이 이 사회를 이끄는 주된 동력이었다. 동시에 이 시민계층은 엄격한 개신교인 칼뱅파의 신봉자들이었다. 네덜란드 사회의 독특한 성격은 페르메이르의 그림에서 간접적인, 그러나 중요한 키워드 역할을 한다. 화가의 대표작인 〈우유를 따르는 하녀〉와 〈델프트 풍경〉에서 우리는 17세기 네덜란드 사회가 페르메이르의 작품 세계에 미친 영향을 짐작할 수 있다. 노동하는 하녀를 성모처럼 고귀한 모습으로 그렸다는 점은 이 당시 사회가 그만큼 노동의 가치를 귀하게 여기고 있었다는 증거다. 또한 수문과 운하, 아침 일찍 나와서 배를 기다리는 검소한 복장의 사람들, 맑게 빛나는 하늘과 물의 표면 등 〈델프트 풍경〉의 구성 요소들은 모두 평온한 일상

〈델프트 풍경〉의 확대 이미지

을 찬양하고 있다. 이렇게 평범한 사람들과 평이한 일상이 그림의 주제가 될 수 있었던 것은 17세기 네덜란드 사회가 일상의 근면함과 성실함을 강조하는 사회였으며 그 사회의 주체가 귀족이나 군주, 성직자 등의 지배계층이 아니라 시민계층이었음을 알려준다.

02 빛

빛은 페르메이르의 그림에서 가장 중
요한 요소로 꼽기에 모자람이 없다.
그의 그림의 절대 다수는 왼편 또는
오른편의 창을 통해 빛이 들어오는 방
안의 모습을 담고 있다. 이탈리아의
바로크 화가 카라바조가 빛과 어둠을
극명하게 대비시키는 키아로스쿠로
기법을 사용한 이래, 많은 17세기 화
가들은 이 키아로스쿠로 기법을 따라
했다. 네덜란드에서도 혼토르스트를

〈천문학자〉에서 창으로 들어온 빛을 받고 있는 천구의

비롯한 여러 화가들이 강한 빛을 사용해 그림에 극적인 감흥을 불러일으키는 키아로스쿠
로 기법을 사용했다. 그러나 페르메이르는 자신의 작품에서 좀 더 새로운 방식으로 이 빛
을 바라본다. 그는 창을 통해 들어오는 빛을 세밀하게 조절해서 방 안을 부드럽고 온화한
빛으로 채웠다. 빛을 받는 부분과 그늘을 적절히 배분해서 작은 방 안을 충분히 넓어 보이
게 만들기도 한다.

후기로 갈수록 페르메이르의 그림에서 빛의 의존도는 커진다. 그림 전면에 배치된 커튼이
나 카펫, 빵 바구니 등을 자세히 보면 화가가 의도적으로 찍어놓은 흰색 '빛 방울'들을 볼
수 있다. 이 빛 방울의 효과로 인해 그림은 보는 이에게 실제로 반짝이는 듯한 인상을 준
다. 〈진주 귀고리 소녀〉를 비롯해서 그의 그림들이 담고 있는 정경은 극히 단순하지만, 그
단순한 장면을 마법처럼 아름답고 참신하게 보이도록 만든 일등 공신은 단연 빛이다.

03 여염집의 방

빛과 함께 페르메이르 그림에서 빼놓을 수 없는 요소는 왼편에 창이 있는 방이다. 페르메
이르는 늘 동일한 장소를 그림의 배경으로 사용한 듯하다. 초창기를 제외하면 그의 그림
에서 선술집이나 유곽 등을 무대로 한 경우는 찾아볼 수 없다. 네덜란드의 풍속화가들은
유곽, 선술집, 집 마당, 부엌 등 다양한 장소를 그림의 배경으로 선택했지만 페르메이르는

이런 전례를 따르지 않았다. 왼편에 창이 있는 이 방은 아마도 아우더랑엔데이크에 있었던 페르메이르의 집 2층 스튜디오를 그대로 옮긴 듯싶다.

페르메이르가 그린 방에는 대부분 왼편에 창이 보인다. 이 창에는 납으로 만든 곡선의 창살이 아름답게 마감되어 있고 때로는 색유리가 끼워져 있기도 하다. 페르메이르에게 '창'은 밖을 내다보는 매개체가 아니다. 그의 그림에서 무수히 많이 등장하는 창 중에 바깥의 정경을 보여주는 창은 하나도 없다. 대개 이 창에는 반투명한 유리창이 끼워져 있다. 북구의 창백한 햇빛이 젖빛 유리창을 투과하면 방 안은 더욱 온화하고 부드러운 빛으로 채워지면서 페르메이르 특유의 내밀한 분위기를 완성시킨다.

04 젊은 여인

페르메이르의 그림에는 모두 40명의 여성들이 등장하며 이 여성들은 대부분 동일 인물이 아니다. 또한 이 여성들은 거의가 처녀들이거나, 아직 아이를 낳지 않은 듯한 젊은 여성들이다. 페르메이르와 동년배이며 같이 델프트에서 활동했던 풍속화가 피터르 더 호흐는 주로 아이를 키우는 주부의 바지런한 모습을 그렸다. 그에 비해 〈델프트 풍경〉이나 〈골목길〉에서 그림의 배경처럼 처리된 인물들을 제외하면 페르메이르의 여인들은 모두가 미혼의, 또는 결혼한 지 얼마

〈물병을 든 여자〉(1662)

되지 않은 여성들이다. 이 여성들은 대부분 중산층 이상의 가정에서 곱게 자란 듯한 느낌을 준다.

페르메이르의 그림 속 여성들이 유난히 아름다워 보이는 이유는 무엇일까? 자세히 뜯어보면 이 모델들은 그리 빼어난 미인들은 아니다. 페르메이르는 그림에서 모델인 여성들이 가장 아름답게 보일 수 있도록 그림의 분위기와 빛을 절묘하게 조절했다. 그림 속 여성들은 대개 고개를 숙이거나 다른 곳을 바라보고 있으며 일, 또는 자신의 감정에 깊이 열중하고 있는 모습들이다. 여성들이 대부분 공들여 다듬은 헤어스타일을 하고 있다는 점, 밝은색 옷을 입은 점, 사치스럽지는 않으나 차분하고 잘 정돈된 방 안에 있다는 점도 중요하다.

이런 분위기 덕분에 페르메이르의 그림 속 처녀들은 안온한 공간에 머물러 있으며, 사랑과 보호 속에서 근심 없이 자라온 듯한 인상을 준다.

05 진주

페르메이르는 여성의 귀금속으로 특히 진주를 선호했다. 유명한 〈진주 귀고리 소녀〉 외에도 한 처녀가 거울을 보며 막 목걸이를 목에 걸어보는 〈진주 목걸이〉를 비롯해 다양한 그림에서 진주 목걸이와 귀고리를 장식한 여성들이 등장한다. 〈여인과 하녀〉에서 편지를 받는 여성은 진주를 촘촘하게 연결한 머리 장식을 달고 있다. 아마도 이 진주 장식들은 화가의 아내 카타리나가 소유한 보석들이었을 것이다. 그러나 〈진주 귀고리 소녀〉의 커다란 물방울 모양 귀고리는 진주가 아니라 유리구슬이었을 가능성이 높다. 소녀의 어깨까지 닿을 듯한 귀고리는 왼편에서 들어오는 빛을 받아 소녀의 눈망울과 함께 절묘한 빛을 낸다.

진주를 비롯한 보석은 네덜란드 풍속화에서 그리 긍정적인 상징은 아니다. 보석은 인생의 허무함과 젊음의 덧없음을 보여주는 소재다. 하지만 페르메이르의 그림 속 진주는 이처럼 허무함이나 쉽사리 사라지는 젊음을 나타내는 장식품은 아닌 듯싶다. 화가는 그저 보석 자체의 영롱함, 또는 그 보석을 걸친 여성의 아름다움을 표현하기 위해 진주 장식을 그려 넣은 것처럼 보인다. 〈편지 쓰는 여인〉이나 〈저울을 든 여인〉에서는 테이블 위에 진주 장식들이 놓여 있다. 이 진주들은 그늘진 테이블 위에서 희미하고 우아한 광채를 내면서 그림에 더욱 특별한 인상을 안겨준다.

〈편지 쓰는 여인〉(1665)

06 악기

페르메이르의 그림에서는 류트나 시턴, 버지널을 연주하는 여성들을 쉽게 찾을 수 있다. 그림의 배경에도 악기가 자주 등장한다. 첼로의 전신인 비올라 다 감바가 바닥에 눕혀져 있는가 하면, 〈회화의 기술〉에서 그림의 모델은 책과 함께 트럼펫을 들고 있다. 그의 전작 35점 중에 악기가 등장하는 그림은 모두 열한 점이며, 진위 여부가 확실치 않은 〈버지널 앞에 앉은 젊은 여인〉까지 포함하면 전작의 3분의 1에 악기, 또는 악기 연주가 포함된 셈이다. 그러나 페르메이르가 유난히 악기를 선호한 화가라고 보기는 어렵다. 17세기 네덜란드의 풍속화들 중에서 30퍼센트가량의 그림에 악기가 그려져 있다. 네덜란드 풍속화가들의 중요한 소재 중 하나가 악기였고 페르메이르도 예외가 아니었던 셈이다.

페르메이르의 그림에서 악기는 남녀 간의 조화나 교감의 통로로 사용된다. 〈류트를 연주하는 여자〉는 류트를 조율하며 창밖에서 들리는 연인의 발소리에 귀를 기울이고 있다. 〈음악 레슨〉에서 버지널을 연주하는 여성은 건반을 연주하며 악기 선생의 손을 바라본다.

버지널

〈연애편지〉에서 불안한 표정으로 편지를 건네받는 여성은 류트를 품에 안은 채다. 〈음악 레슨〉에 그려진 버지널에는 '음악은 기쁨의 동료이며, 슬픔의 치료약이다'라는 문구가 라틴어로 쓰여 있다. 이 문구에 '음악' 대신 '사랑'이라는 단어를 넣어도 전혀 어색하지 않다. 페르메이르는 이 라틴어 문구를 통해 음악과 사랑이 서로 비슷하다는 점을 은연중에 드러내려 했는지도 모른다. 아이러니한 사실은 페르메이르가 악기를 가지고 있지 않았다는 점이다. 모두 다섯 종류의 악기가 그의 그림에 등장하지만, 화가의 사후에 작성된 재산 목록에는 어떤 악기도 기재되어 있지 않다.

07 파랑과 노랑

모든 화가들은 선호하는 컬러가 있기 마련이지만 페르메이르는 그중에서도 유난히 특정 색을 좋아했던 화가였다. 초기작인 〈마르다와 마리아의 집에 온 예수〉나 〈뚜쟁이〉 등에 이미 파랑과 노랑에 대한 페르메이르의 선호가 나타난다. 실내 장면을 그린 풍속화는 물론이고 심지어 〈델프트 풍경〉 같은 풍경화에서도 페르메이르는 파랑과 노랑을 많이 사용하고 있다. 그의 대표작인 〈우유를 따르는 하녀〉와 〈진주 귀고리 소녀〉는 파란색과 노란색의 의상을 입었다. 한 쌍의 그림인 〈천문학자〉와 〈지리학자〉에서 두 주인공은 모두 파란 옷을 입고 있으며 〈회화의 기술〉에 모델로 등장한 뮤즈 클리오는 파란 옷옷에 노란 스커트를 입고 있다. 〈편지를 읽는 푸른 옷의 여인〉〈류트를 연주하는 여자〉〈저울을 든 여인〉 등도 파랑과 노랑이 많이 사용된 작품들이다. 페르메이르는 검정색을 써야 할 때도 검은 물감 대신 파랑에 갈색을 섞었다. 특별히 강렬한 인상을 주기 위해 화가는 이 두 색 외에 가끔 빨강을 사용하기도 했다.

라피스라줄리 원석

거의 같은 크기의 캔버스에 그려진 〈진주 귀고리 소녀〉와 〈젊은 여자의 얼굴〉을 비교해 보면 빛과 함께 색채가 페르메이르를 규정하는 핵심 요소였음을 느낄 수 있다. 〈진주 귀고리 소녀〉의 선명한 푸른 터번과 노란 웃옷에 비해 〈젊은 여자의 얼굴〉에는 그다지 눈에 띄는 색상이 없다. 이런 특정한 색상, 특히 파랑에 대한 선호가 화가의 경제 상태를 악화시킨 원인일지도 모른다. 페르메이르가 선명한 파란색을 내는 안료로 선택한 라피스라줄리는 17세기에 금보다 비싼 재료였다.

08 그림 속 그림

페르메이르의 그림은 절대 다수가 방 안에 있는 한두 명의 여성을 담고 있다. 이 방은 왼편에 창이 있고 여성은 그 창 앞에 서 있기 때문에 그림의 뒤편은 자연스럽게 방의 벽이 된다. 그리고 이 벽에는 거의 그림이 걸려 있다. 말하자면 그림 속에 또 다른 그림이 등장하는 셈이다. 페르메이르의 작품에서 이 '그림 속 그림'은 작품이 담고 있는 이야기의 실마리를 풀어주는 역할을 한다.

예를 들면 〈신앙의 알레고리〉나 〈저울을 든 여인〉에서는 가톨릭의 성화들을 걸어놓아 화가 자신의 종교가 가톨릭임을 간접적으로 알려주고 있다. 〈와인을 권하는 남자〉에서는 여성의 아버지 초상을 걸어놓아 그림 속 여성에게 경계의 신호를 보내는가 하면, 〈버지널 앞에 선 여인〉에서는 큐피드 그림을 통해 이 여성이 연애 감정에 빠져 있음을 알리기도 한다. 페르메이르는 그림에 따라 다양한 '그림 속 그림'을 창조했다. 바구니에 든 아기 모세나 이탈리아풍의 풍경화, 때로는 네덜란드 지도를 걸어두기도 했는데 이 모든 '그림 속 그림'들은 페르메이르의 작품에 담겨 있는 내밀한 이야기들을 읽어낼 수 있는 중요한 단서를 제공한다.

흥미로운 사실은 페르메이르가 가끔 자신이 소장하고 있는 그림을 작품에 등장시키기도 했다는 점이다. 예를 들면 〈콘서트〉와 〈버지널 앞에 앉은 여인〉의 '그림 속 그림'은 판 바뷔런의 〈뚜쟁이〉인데 이 그림은 실제로 페르메이르의 장모 마리아 틴스가 소유하고 있던 작품이었다.

〈버지널 앞에 앉은 여인〉 (1672)

페르메이르 생애의 결정적 장면

1632   아버지 라이니르 포스와 어머니 디그나 볼턴스의 첫아들로 태어나다.

1641   아버지 라이니르가 포스Vos라는 성을 페르메이르Vermeer로 바꾸다.

1653   결혼과 함께 화가 길드에 가입하다

4월 20일 페르메이르는 한 살 연상의 카타리나 볼너스와 결혼했다. 페르메이르가 중류층 수공업자계층인 데 비해 카타리나는 가톨릭을 믿는 부유한 지주 집안의 딸이었다. 이 결혼을 위해 페르메이르는 가톨릭으로 개종했다. 결혼식의 증인이 된 브라메르, 시청의 결혼 증명서에 서약한 테르 보르흐 등은 모두 델프트에서 활동하던 화가들이었다. 이해 12월 29일 페르메이르는 4년에서 6년 사이의 도제 생활을 끝내고 델프트의 성 루가 길드에 가입해 한 사람의 화가로 인정받았다.

마르크트 광장에 있는 델프트의 시청사

1656 〈뚜쟁이〉를 그리다

〈뚜쟁이〉는 남아 있는 페르메이르의 작품 중에 세 번째 그림이며, 그가 풍속화가로 자신의 장르를 결정했음을 알리는 중요한 작품이다. 그림에 등장하는 네 명의 인물 중 맨 왼쪽의 남자는 페르메이르 본인일 가능성이 높다. 이 그림을 통해 우리는 초창기의 페르메이르가 카라바조의 영향을 받았다는 사실을 알 수 있다.

1658~1661 중요한 작품들이 탄생하다

대략 이 시기에 〈우유를 따르는 하녀〉〈델프트 풍경〉〈골목길〉 등이 완성되었다. 이 작품들은 모두 페르메이르의 후원자인 피터르 판 라위번이 사들였다. 라위번의 요청에 의해 이러한 주제들을 화가가 택했을 수도 있다. 환한 빛에 싸인 고요하고 온화한 실내, 신실해 보이는 젊은 처녀, 빛과 그늘의 효과에 대한 치밀한 설계 등 페르메이르의 특징이 확연하게 나타나는 시기다. 1660년 무렵 페르메이르 일가는 델프트의 가톨릭 신자들이 모여 살던 아우더랑엔데이크 거리로 이사하는데, 장모 마리아 틴스의 집으로 들어가 살았을 것으로 보인다.

1662 성 루가 길드의 대표로 선출되다.

1665~1668 〈진주 귀고리 소녀〉를 그리다

1665년부터 페르메이르는 17세기 네덜란드의 독특한 장르인 트로니를 연구하기 시작했다. 이 연구의 결과로 그는 1665년부터 1667년 사이 〈진주 귀고리 소녀〉를 그렸다. 반짝이는 눈과 입술, 터키 스타일의 터번, 귀에 건 커다란 귀고리 등 다른 페르메이르 작품에 비해 극도로 단순하며 대담한 이 작품은 소설과 영화의 주인공이 될 정도로 널리 알려진 그림이 되었다. 화가로서 페르메이르가 자신의 정체성을 보여준 그림 〈회화의 기술〉도 같은 시기에 그려진 것으로 보인다.

1670   어머니가 사망하다.

1672   프랑스-네덜란드 전쟁으로 가세가 기울다

루이 14세가 통치하던 프랑스가 네덜란드를 공격해 왔다. 네덜란드군은 수문을 열어 국토를 물에 잠기게 함으로써 프랑스군의 진격을 막으려 했는데 이 와중에 페르메이르의 장모 마리아 틴스가 소유한 농지가 물에 잠겼다. 장모의 경제적 지원을 받고 있던 페르메이르 일가의 경제 사정이 급격히 나빠지기 시작했다. 이와 함께 페르메이르의 작품 제작 횟수가 현저히 줄어든다.

1674   가장 중요한 후원자 판 라위번이 사망하다. 그로 인해 페르메이르는 큰 경제적 타격을 입는다.

1675   43세의 나이로 사망하다

1675년 12월 16일 페르메이르가 델프트 구교회에 묻혔다. 그의 사망 일자는 12월 12일~14일 사이로 추정된다. 직접적인 사망 원인은 심장 발작이었다. 그의 아내 카타리나의 증언에 따르면 페르메이르는 점점 심해지는 경제적 문제로 고통받다 갑자기 가슴을 움켜쥐고 쓰러졌다고 한다. 페르메이르 부부는 열다섯 명의 아이를 낳았고 그중 열한 명이 생존했다. 페르메이르가 남긴 빚을 탕감하기 위해 카타리나는 남편의 남은 그림을 모두 팔아야만 했다. 끝까지 보관하려 했던 〈회화의 기술〉 역시 유산 집행인인 레이위엔훅에게 압수당해 경매로 팔려나갔다.

구교회의 페르메이르 무덤

1696 암스테르담 경매에서 페르메이르의 작품 21점이 팔리다. 이로 인해 페르메이르의 작품이 전 유럽으로 퍼져 나가게 된다.

1866 프랑스의 비평가 토레뷔르거가 개최한 살롱전의 특별 전시를 통해 페르메이르의 이름이 새로이 알려지다.

1945 메이헤런의 위작 사건이 터지다

1930년대 후반부터 〈엠마오에서의 만찬〉 등 '페르메이르의 종교화'들이 잇따라 미술 시장에 나타나 큰 화제가 되었다. 로테르담 보이만스 미술관, 네덜란드 국립미술관 등이 거액을 주고 이 작품들을 사들였다. 그러나 시중에 등장한 다섯 점의 페르메이르 종교화들은 모두 네덜란드 화가 한 판 메이헤런이 치밀하게 제작한 위작임이 밝혀졌다.

1990 〈콘서트〉가 도난당하다.

1999 소설 『진주 귀고리 소녀』가 출간되다

미국 소설가 트레이시 슈발리에가 페르메이르의 생애를 추적해서 화가와 가상의 모델 사이의 관계를 그린 소설 『진주 귀고리 소녀』를 출간했다. 이 작품이 세계적인 인기를 모으면서 새삼 페르메이르에 대한 관심이 커졌다. 소설은 2003년 영국에서 동명의 영화(국내 개봉명 〈진주 귀걸이를 한 소녀〉)로 제작되기도 했다.

〈진주 귀고리 소녀〉(1665)

참고 문헌

금경숙, 『플랑드르 화가들』, 뮤진트리, 2017.

기욤 카스그랭·카트린 게강 외, 『베르메르』, 이승신 옮김, 창해, 1997.

러셀 쇼토, 『세상에서 가장 자유로운 도시, 암스테르담』, 허형은 옮김, 책세상, 2016.

마이크 대쉬, 『튤립, 그 아름다움과 투기의 역사』, 정주연 옮김, 지호, 2002.

알랭 드 보통, 『일의 기쁨과 슬픔』, 정영목 옮김, 은행나무, 2012.

에른스트 E. 곰브리치, 『서양미술사』, 백승길·이종숭 옮김, 예경, 2013.

이연식, 『위작과 도난의 미술사』, 한길아트, 2008.

전원경, 『목요일의 그림』, 중앙북스, 2013.

전원경, 『예술, 도시를 만나다』, 시공아트, 2019.

전원경, 『예술, 역사를 만들다』, 시공아트, 2016.

주경철, 『대항해 시대』, 서울대학교 출판문화원, 2008.

트레이시 슈발리에, 『진주 귀고리 소녀』, 양선아 옮김, 도서출판 강, 1999.

파스칼 보나푸, 『렘브란트: 빛과 혼의 화가』, 김택 옮김, 시공사, 1996.

Lammertse, Friso et al., *Van Meegeren' Veermeers*, Rotterdam: Museum Boijmans Van Beuningen, 2011.

Runia, Epco (ed.), *Mauritshuis: Highlights of the Collection*, Hague: Mauritshuis Foundation, 2017.

Rynck, Patrick de, *How to Read a Painting*, London: Thames & Hudson, 2004.

Schneider, Norbert, *Vermeer: veiled emotions*, Cologne: Taschen, 2016

Schutz, Karl, *Vermeer: The Complete Works*, Cologne : Taschen, 2018.

Spaans, Erik, *Museum Guide*, Amsterdam: Rijksmuseum, 2013.

Tazartes, Maurizia, *Vermeer: Masters of Art*, New York: Prestel, 2012.

Wheelock. Jr., Arthur. K. et al., *Making the Difference: Vermeer and Dutch Art*, Tokyo: Sankei Shimbun, 2018.

Wieseman, Marjorie E., *Vermeer and Music: The Art of Love and Leisure*, London: National Gallery Company, 2013.

참고 웹사이트

www.essentialvermeer.com

클래식 클라우드 021

페르메이르

1판 1쇄 발행 2020년 6월 25일
1판 2쇄 발행 2020년 12월 15일

지은이 전원경
펴낸이 김영곤
펴낸곳 아르테

문학사업본부 이사 신승철
클래식클라우드팀 팀장 이소영
책임편집 박병익 클래식클라우드팀 임정우 김슬기 오수미
영업본부 본부장 한충희 영업 김한성 이광호 오서영
제작 이영민 권경민
디자인 박대성 일러스트 최광렬

출판등록 2000년 5월 6일 제406-2003-061호
주소 (10881) 경기도 파주시 회동길 201(문발동)
대표전화 031-955-2100 팩스 031-955-2151

ISBN 978-89-509-8872-2 04000
ISBN 978-89-509-7413-8 (세트)
아르테는 (주)북이십일의 문학·교양 브랜드입니다.

(주)북이십일 경계를 허무는 콘텐츠 리더

네이버오디오클립/팟캐스트 [클래식 클라우드 – 책보다 여행], 유튜브 [클래식클라우드]를 검색하세요.
네이버포스트 post.naver.com/classic_cloud
페이스북 www.facebook.com/21classiccloud
인스타그램 www.instagram.com/classic_cloud21
유튜브 youtube.com/c/classiccloud21